VENEDIG

Erste Seite:
Die vielleicht wichtigsten Wahrzeichen Venedigs: Gondeln an der Hafenmole der Piazzetta und der geflügelte Löwe. Im Bacino di San Marco kann durch den lebhaften Bootsverkehr ziemlicher Wellengang entstehen.

Seltener Anblick: Die Piazza San Marco ohne Menschen und Tauben. Von den Arkaden der Ala Napoleonica, dem 1810 auf Wunsch von Napoleon errichteten Verbindungsbau zwischen den Alten und Neuen Prokuratien, sieht man auf die Basilica di San Marco und den Campanile.

MIT BILDERN VON MAX GALLI UND TEXTEN VON ULRIKE RATAY

INHALT VENEDIG

Seite 8/9:
Nachtruhe für Gondeln im Bacino di San Marco. Im Hintergrund erhebt sich die Isola di San Giorgio Maggiore mit dem Campanile und der nach den Vorgaben Andrea Palladios gestalteten Fassade der Kirche San Giorgio Maggiore.

Seite 12/13:
Blick von dem Campanile der Kirche San Giorgio Maggiore auf der gleichnamigen Insel über den Canale di San Marco auf das Sestieri Castello, dem größten historischen Stadtviertel.

Seite 14/15:
Auf dem Rio de Palazzo schaut man einer der berühmtesten Brücken Venedigs entgegen: der Ponte dei Sospiri, der Seufzerbrücke. Über diese Brücke wurden die Gefangenen vom Dogenpalast in die berüchtigten Bleikammern geführt.

VENEDIG – DIE SCHÖNE AUF DEM WASSER

„Venedig lockt, fängt ein, verführt mit seinem Licht, seiner Wasserluft, der Geisterluft“, schreibt Wolfgang Koeppen in seinem Buch „Ich bin gerne in Venedig warum“. Und Gabriele D'Annunzio fragt: *„Kennen Sie eine gewaltigere Verführerin?“* Diego Valeri meint: *„Es gibt keine andere Stadt auf der Welt, die so viele Verliebte hätte wie Venedig: Wir sagen Verliebte, nicht etwa mehr oder weniger gelegentliche Bewunderer, auch nicht Freunde, und mögen sie noch so treu sein. Verliebte auf den ersten Blick und anschließend fürs Leben.“*

Der lockenden Verführung des schwebenden Glanzes der alten Lagunenstadt Venezia kann keiner entgehen.

Blick von der Ponte dell'Accademia über den Canal Grande in Richtung der Kirche Santa Maria della Salute. Jahrhundertelang war die Rialtobrücke der einzige Übergang, bis 1854 eine eiserne Brücke gebaut wurde, die 1932 durch eine hölzerne ersetzt wurde.

Allein die Lage der Stadt: Sie erstreckt sich auf über hundert kleinen Inselchen und auf einem Fundament von Millionen von Holzpfählen. Über 170 Kanäle bilden Wasserstraßen, über die etwa 400 Brücken führen und unter denen die schwarzen Gondeln seit über 1000 Jahren ihre Fahrgäste transportieren. Einzigartig sind die Kunstschätze: Mächtige Kirchen, prächtige Paläste, nicht nur am Canal Grande, einem Bilderbuch der Kunstgeschichte über Palastfassaden, die Piazza San Marco, die Napoleon als „schönsten Ballsaal der Welt" unter freiem Himmel bezeichnete, die venezianische Malschule mit Namen wie Giorgione, Tizian, Tiepolo und Tintoretto, 4000 Quadratmeter Goldmosaike im Markusdom und noch so vieles mehr. Und doch ist die Stadt nicht nur Museum, nicht nur eine Anhäufung von Denkmälern, Venedig ist eine Stadt voll Leben.

GEOGRAFIE EINER WASSERSTADT

Eine augenfällige Besonderheit des venezianischen Lebens ist die Art der Fortbewegung. In Venedig nutzt man entweder die Wasserstraßen oder geht zu Fuß. Es gibt keine Autos, keine Lastwagen und Busse, kein Gehupe und Verkehrsrauschen – die ganze Lautkulisse der Stadt ist eine andere. So erwacht der Schriftsteller Max Beerbaum von der Stille:

Oben:
Das berühmteste Fest ist unbestritten der Carnevale di Venezia. Obwohl er bereits am 7. Januar beginnt, konzentrieren sich die Veranstaltungen auf die letzten zehn Tage vor Aschermittwoch.

Rechts:
Morgennebel auf der Piazzetta, dem eigentlichen Empfangssalon Venedigs, wenn man auf dem Wasserwege anreist. Noch wird die gotisch-maurische Fassade des Dogenpalastes und die beiden Säulen mit Markuslöwen und dem Heiligen Theodor verhüllt.

„Vielleicht war es die Sonne, die mich geweckt hatte, ich glaube aber es war die Stille. (...) Im meerumschlungenen Venedig gibt es keine Singvögel und keinen Straßenverkehr, der mit seinem gewohnten Getöse den Londoner aus dem Schlaf knattert. Es gibt da überhaupt keine Geräusche, abgesehen vom Wasser, das gegen die Mauern schwappt."

Abgesehen von den ungewohnten Geräuschen, weichen die Bezeichnungen der Fuß- und Wasserwege von denen anderer italienischer Städte ab. Hauptverkehrsweg des Zentrums ist natürlich der Canal Grande, außer dem nur noch der Canale di Cannaregio, der Canale della Giudecca, sowie die Wasserläufe der Lagune diesen Namen tragen. Alle anderen Kanäle werden Rio, oder Riello (= kleiner Kanal) genannt. Das Ufer eines Kanals heißt Fondamenta, ein größeres Ufer, an dem Boote anlegen können Riva; Rio terra ist ein zugeschütter, in eine Straße verwandelter Kanal. Nur eine Straße gibt es in Venedig, die Strada Nuova im Stadtteil Cannaregio. Die anderen festen Wege – die Calle (Gassen), die Ruga (altitalienisch und verwandt mit dem französischen „rue") und Salizzada (gepflasterte Straße) – verlaufen nicht wie auf ande-

ren Stadtplänen: Sie bilden ein Gegenstück zur monotonen Rechtwinkligkeit so mancher modernen Stadt: Kaum ein Weg verläuft geradeaus, aberwitzige Winkel und so manche Sackgasse erschweren die Orientierung. Von schmalen Gassen gelangt man auf weite Plätze, Campo oder Campiello genannt – die Bezeichnung Piazza ist allein dem Markusplatz vorbehalten. Es gibt Corte, umbaute Plätze mit nur einem Zugang, so manche Wegsuche endet am allgegenwärtigen Wasser. Venedig ist ein geheimnisvolles Labyrinth in der Lagune, für Cees Nooteboom *„ein Labyrinth im Labyrinth der Sümpfe"* bewohnt von *„gekrönten Löwen, Einhörnern, durch* *die Luft fliegenden Menschen, Greifen, Drachen"* und es ist der Venedigreisende, *„der sich in das Hoheitsgebiet des Traumes, der Fabel, des Märchens verirrt und, wenn er klug ist, dann lässt er es zu."*

DIE SCHÖNHEIT DES ALLTÄGLICHEN

Und nicht nur die phantasievollen Skulpturen der Häuser und Kirchen gilt es zu entdecken, wenn man sich in Venedig verläuft, können es die ganz alltäglichen Anblicke sein, die einen verzaubern: ein Ufer, an dem ein kunstvoll beladenes Gemüseboot angelegt hat; ein Lichtspiel auf dem Wasser, wo ein Sonnenstrahl in tausend glitzernde Diamanten zerbirst; trocknende Wäsche über einer Gasse, ein stiller Platz mit einer kleinen Kirche, eine lebhafte Szene fußballspielender Kinder und sich unterhaltender Erwachsener. Denn Venedig ist mehr als eine Anhäufung von Denkmälern, Venedig beherbergt ganz normales Leben. So kann man ein ganz anderes Venedig abseits der Museen und Kirchen erfahren, wenn man es einmal den Venezianern nachmacht und sich einer venezianischen Gewohnheit anschließt: dem „andar per ombre", auf ein Glas Wein gehen. In den alteingesessenen Bàccari, benannt nach dem Gott des Weines Bacchus, kann man bei einem „ombra", einem Zehntelliter-Glas Wein, ein ganz lebendiges Venedig besichtigen: Hier wird palavert und diskutiert, jeder unterhält sich mit jedem – es ist ein Ort der Geselligkeit. Der Name „ombra", Schatten, soll übrigens von der Begebenheit stammen, dass einst die Weinverkäufer auf der Piazza San Marco immer dem Schatten des Campanile nachrückten, um ihre Ware frisch zu halten. Als Grundlage für den Wein gibt es in den Bàccari kleine Häppchen, „cicheti", die so manches Hauptgericht aufwiegen können. Fisch und Meeresfrüchte, Wurst, Fleisch und Käse, Eier und alles mögliche Gemüse kann die Grundlage für die schmackhaften oft mehrschichtigen Häppchen sein, die meist durch einen Zahnstocher zusammengehalten werden.

AM ANFANG WAR DIE FLUCHT

Venedig hat seine Einzigartigkeit nicht nur seiner geografischen Lage zu verdanken. Seine ruhmvolle Geschichte ermöglichte den Reichtum und Prunk, der die Architektur der Stadt so grandios glänzen lässt. Dabei begann die Geschichte mit einer Flucht: Die Veneter flohen vor den feindlichen Heeren der Hunnen und Langobarden, die zur Eroberung des Weströmischen Reiches um die Mitte des 5. Jahrhunderts nach Süden zogen, auf die Laguneninseln. Doch zunächst wird die Insel Torcello Zentrum, hier wird um 640 unter dem Schutz des mächtigen Byzanz ein Bischofssitz gegründet. 697 übernahm ein gewählter „Dux", Paoluccio Anafesto, die politische Führung. Er ist der erste in der langen Reihe der Dogen, deren Bezeichnung seit 742 verwendet wird. Im Jahre 811 wird der Sitz des Dogen nach Rialto, dem Kern des historischen Venedigs verlegt.

Unten:
Die Landspitze des Stadtteils Dorsoduro krönt eine Glücksgöttin auf goldener Weltkugel auf der Turmspitze des alten Zollamtes, Dogana da Mar. Dahinter erhebt sich die mächtige Barockkuppel der Kirche Santa Maria della Salute.

Oben links:
Am Campo Santi Giovanni e Paolo erhebt sich das größte gotische Gotteshaus Venedigs, das den Mitte des 3. Jahrhunderts hingerichteten Märtyrern Johannes und Paulus geweiht ist. Santi Giovanni e Paolo wird verkürzt auch San Zanipolo genannt.

LEGENDENBILDUNG ZUM RUHME DER STADT

Zunächst stand die Siedlung unter dem Schutz des Heiligen Theodor, der aber nur ein minder bedeutender byzantinischer Heiliger war. Ein „richtiger" den Ambitionen der Stadt angemessener Heiliger musste gefunden werden. Also fuhren laut Legende im Jahre 828 venezianische Seeleute nach Alexandria, wo der Heilige Markus sieben Jahrhunderte zuvor den Märtyrertod erlitten haben soll, und entführten mit einem Trick die angeblichen Markusreliquien nach Venedig. Sie raubten die heiligen Knochen, indem sie diese der Erzählung nach mit Schweinespeck bedeckten, um sie an den muslimischen Wächtern vorbei zu transportieren. Ein solcher Reliquienbesitz erhöhte das Ansehen einer Stadt im Mittelalter ungemein. Der unaufhaltsame Aufstieg Venedigs konnte beginnen. Die Stadt entwickelte sich zu einem wichtigen Handelszentrum, in dem zahlreiche einflussreiche Kaufmannsfamilien das wirtschaftliche, politische und soziale Geschehen kontrollierten. Die Symbole des Markuskultes sind noch heute in ganz Venedig als Löwen mit Flügeln zu finden. Im Zeitalter der Kreuzzüge wurden sie nach Dalmatien und bis ins heilige Land exportiert. Als Goethe 1790 in der Stadt des Heiligen Markus weilte, nannte er sie despektierlich „geflügelte Kater", die mit den Skulpturen der Antike, von denen zwei den Eingang des Arsenals bewachen, nicht mithalten können:

„Ruhig am Arsenal stehen zwei altgriechische Löwen,
klein wird neben dem Paar Pforte wie Turm und Kanal.
Käme die Mutter der Götter herab, es schmiegten sich beide,
vor den Wagen und sie freute sich ihres Gespanns.
Aber nun ruhen sie traurig; der neue geflügelte Kater,
schnurrt überall und ihn nennet Venedig Patron."

Ein riesiges Kreuzfahrtschiff schiebt sich durch den Canale della Giudecca. Von der Klosterinsel San Giorgio Maggiore blickt man über das Hafenbecken Bacino di San Marco auf den Campanile, die Piazzetta und den Dogenpalast.

Beim vierten Kreuzzug ergreift der greise Doge Enrico Dandolo die Gelegenheit, der früheren Schutzmacht Byzanz in den Rücken zu fallen: Venedig übernahm den Transport des gewaltigen Heeres, das unter dem Oberbefehl des Dogen Konstantinopel eroberte. Fast die Hälfte des oströmischen Reiches fiel daraufhin an Venedig, das nun seine Macht immer mehr ausbaute. Noch heute sichtbares Zeichen dafür sind die vier antiken Bronzepferde von San Marco, die einst auf einem Triumphbogen in Rom und dann vor dem Hippodrom von Byzanz gestanden hatten. Mark Twain erwähnt die Pferde in einem anderen Zusammenhang: *„Venedig tut gut, sie zu hegen, denn es sind die einzigen Pferde, die es je besaß. Es heißt, dass es Hunderte von Menschen in dieser eigenartigen Stadt gebe, die nie in ihrem Leben ein lebendiges Pferd gesehen haben."* Der Seestaat, „il stato di mar", umfasste nun Häfen des Peloponnes, verschiedene griechische Inseln, unter anderen Korfu und Kreta, sowie später Zypern. Venedig wurde die Beherrscherin der Meere und verteidigte die Vormachtstellung im Orienthandel.

DAS GOLDENE BUCH

Parallel zu den außenpolitischen Erfolgen bildete sich in Venedig eine oligarchisch geprägte Verfassung heraus. Im Jahr 1297 wird dem Bürgertum die politische Mitsprache entzogen und nur noch die im „Goldenen Buch" verzeichneten Adelsfamilien dürfen dem Großen Rat angehören. Dieser wählt mit einem hoch komplizierten Verfahren den Dogen auf Lebenszeit, sowie den Kleinen Rat, aus dem sich die Signoria (eigentliches Regierungs-

Links:
Am Campo del Traghetto gegenüber der Barockkirche Santa Maria della Salute: Neben den romantischen Stadtrundfahrten gibt es acht Gondelfährverbindungen mit den so genannten Traghetti über den Canal Grande.

Unten:
Die Busse Venedigs: Seit über 120 Jahren verkehren die Vaporetti auf dem Canal Grande und die Motoscafi zwischen den Laguneninseln. Die ehemaligen Dampfschiffe werden heute durch Dieselkraft angetrieben.

organ) entwickelt hatte, und andere Kontrollinstanzen wie den berüchtigten Rat der Zehn, dem die „Wahrung der Staatssicherheit" oblag. Der komplexe Staatsapparat, zu dem noch ein Senat und ein Rat der Vierzig gehörten, war so organisiert, dass sich die verschiedenen Gremien stets gegenseitig überwachten.

ERFORSCHUNG FREMDER WELTEN

Im 14. Jahrhundert setzt sich Venedig gegen die Seemachtskonkurrentin Genua durch und verstärkte seine neuen Besitzungen im östlichen Mittelmeerraum mit Festungen, die einen immer kühneren Handel ermöglichen: Venedig ist nun eine Metropole der Weltwirtschaft, ein Umschlagplatz für Waren aller Art von Gold über Seide bis zu Salz und Gewürzen. Vor diesem Hintergrund erlangte ein venezianischer Reisender Weltruhm: Marco Polo. Sein Vater Niccolò und Onkel Matteo Polo waren venezianische Kaufleute in Konstan-tinopel und beschlossen um 1260 neue Handelswege in Richtung Osten zu erschließen. Auf ihrer 5000 Kilometer langen Reise gelangten sie schließlich nach Peking an den Hof des Kublai Khan. Bei ihrer Rückkehr nahmen sie eine

Oben links:
Mit nur einem langen Ruder wird eine Gondel sowohl angetrieben als auch gelenkt. Dies ermöglicht die so genannte Forcula, in deren eingearbeitete Vertiefungen das Ruder in acht verschiedene Positionen eingesetzt werden kann.

Botschaft des chinesischen Herrschers an den Papst mit, dass die ersten Missionare nach China geschickt werden sollten. So brachen sie 1271 zusammen mit Niccolòs Sohn Marco und zwei Missionaren, die allerdings bald umkehrten, erneut nach China auf. Marco Polo trat dort als Berater in die Dienste des Kublai Khan und reiste von 1275 bis 1293 durch ganz China, bevor er nach Venedig zurückkehrte. Seinen berühmten Berichten über das exotische „Kathai", die er in genuesischer Gefangenschaft seinem Zellengenossen diktierte, schenkten seine Zeitgenossen aber wenig Glauben. Zu fremd war ihnen die Welt, die in dem Buch „Il Milione" dargestellt wurde.

Rechts:
Der eigentlichen Piazza San Marco vorgelagert ist die Piazzetta, die den Zugang zum Meer bildet. Links wird sie von der Alten Bibliothek, der Libreria Vecchia di San Marco, und dem Campanile, rechts vom Dogenpalast flankiert.

Oben:
Einer der vielen prominenten Stammgäste von Harry's Bar war Ernest Hemingway. Eröffnet wurde das legendäre Etablissement 1931 von Harry Pickering und Giuseppe Cipriani, welcher den berühmten Cocktail „Bellini" erfand.

EROBERUNGEN ZU LANDE

Den Höhepunkt der wirtschaftlichen und politischen Macht erreichte die Serenissima Ende des 14., Anfang des 15. Jahrhunderts: Der Handel florierte und im Arsenale baute man eindrucksvolle Schiffe. Nun wagt sich die Seemacht zum ersten Mal auf das feste Land: Zwischen 1389 und 1405 erobert man in Oberitalien Treviso, Padua, Vicenza und Verona, die „terraferma". Als schwierig erwies sich aber der Stadtstaat Mailand, der Venedig in einen langen und kostspieligen Krieg verwickelte. 1453 hatten jedoch die Türken Konstantinopel erobert und Venedig sah sich von anderer Seite bedroht. 1479 gelang es noch einmal Frieden mit dem Osmanischen Reich zu schließen. Anfang des 16. Jahrhunderts begann sich das Blatt zu wenden: Die Osmanen im Osten und europäische Großmächte auf der anderen Seite nahmen die Seerepublik in die Zange und drängten sie zurück in die Lagune. Mit der Entdeckung Amerikas und Indiens, begann sich der Handel zu verändern: Das Mittelmeer verlor zunehmend an Bedeutung; Antwerpen und Lissabon wurden die neuen Metropolen für den Gewürzhandel.

Zwar kann die Heilige Liga von Papst, Spanien und Venedig 1571 in der Seeschlacht von Lepanto noch einmal die Türken besiegen, doch muss die Stadt 1573 einen Sonderfrieden mit den Besiegten schließen, um den Getreidehandel abzusichern. Zwei große Pestepidemien (1575/1576 und 1630) und ein florierendes Piratentum im Mittelmeer schwächen die Serenissima zunehmend. In dem wiederaufgeflammten Konflikt mit den Türken verliert Venedig Kreta und im frühen 18. Jahrhundert die letzten Besitzungen auf dem Peloponnes.

THEATER UND FESTE STATT EROBERUNGEN

Aller Verluste zum Trotz konnte sich Venedig einen gewissen Reichtum bewahren. Politisch befand man sich in einem Zustand tiefer Perspektiv- und Ratlosigkeit, wovon man sich durch sorgloses Genießertum zu befreien suchte. Von der Weltbühne der Politik abgetreten, wandelte man sich in eine Kultur- und Amüsierstadt. Theater und Karneval hatten Hochkonjunktur. Der Vater Goethes, Johann Caspar Goethe berichtet 1740 befremdet: *„Ich weiß gar nicht, wie ich Ihnen eine umfassende Beschreibung der gegenwärtigen Tage geben soll, in denen der Karneval seinem Ende zugeht. Die gesamte Stadt scheint jetzt in ihrem närrischen Wesen derart trunken und rasend zu werden, dass ich vor Staunen und Schrecken ganz starr bin."* Es war die Zeit Carlo Goldonis, der mit seiner Commedia dell'Arte die Komödie erneuerte und das Jahrhundert des

Giacomo Casanova, der hier seine Liebesabenteuer erlebte: *„Da ich einen maskierten Mann sah, erschrak ich, wich zurück und ärgerte mich, keine Pistole bei mir zu haben. Die Maske ging um das Standbild herum, näherte sich mir und streckte mir friedlich die Hand entgegen. Ich erkannte meinen als Mann verkleideten Engel ...“* Mit Festlichkeiten und närrischen Maskeraden lenkte man sich vom langsamen Untergang ab. Im Mai 1797 besetzte Napoleon die Stadt und schaffte sofort den „verrufenen Carnevale“ ab.

UNVERGÄNGLICHE KUNST

Die bis zum 16. Jahrhundert so erfolgreiche Politik und der Reichtum bringende Handel ermöglichten auch eine einzigartige Entfaltung der Kunst: So wurde Venedig zu Zeiten der Frührenaissance

Konkurrentin von Florenz. Doch während die toskanische Schule als Entdeckerin der Perspektive gilt, ist in Venedig die Farbe das zentrale gestaltende Element der Bildkomposition. Erklärt wird die Farbenpracht einmal durch den Einfluss byzantinischer Kunst und zum anderen durch die Lage der Stadt auf dem Wasser, die besondere Licht- und Schattenverhältnisse schafft. So sind Stimmungen oft das Beherrschende eines Bildes, wie bei dem berühmten Gemälde „Gewitter“ von Giorgione, in dem die Natur eine bis dahin ungeahnte Rolle spielt. Die intensive Beschäftigung mit dem menschlichen Individuum dagegen zeichnen die wenigen erhaltenen Dogenporträts von Gentile Bellini aus, dessen Familie mit Vater Jacopo und Bruder Giovanni den Ruhm der venezianischen Malerei begründete. Das 16. Jahrhundert nennt drei der größten Namen der Kunstgeschichte: Tizian, Tintoretto und Paolo Veronese. Ungewöhnliche Kompositionen, die Dramatik von Licht und Schatten, sowie eine ungewöhnliche Farbpalette charakterisieren ihre Werke. Im 18. Jahrhundert brachte Venedig ein neues Genre hervor, das nicht zuletzt durch den einsetzenden Tourismus gefördert wurde: Canaletto und Francesco Guardi begründeten mit ihren Ansichten von Venedig die Vedutenmalerei, deren Bilder schon damals als frühe „Souvenirs“ die Stadt verließen. Als letzte Großmeister der venezianischen Malerei werden Giovanni Battista Tiepolo und sein Sohn Domenico bezeichnet, die im 18. Jahrhundert besonders durch ihre Fresken berühmt wurden. Ihr Wirkungskreis beschränkte sich nicht allein auf die Lagunenstadt: Sie schufen die Fresken im Kaisersaal und Treppenhaus der Würzburger Residenz und im Königsschloss von Madrid.

Links:
Gran Teatro La Fenice: Das berühmte Opernhaus erhielt seinen Namen „Phönix“ nach dem ersten Brand von 1773, ein zweiter Brand folgte 1836 und erst 2003 wurde das, 1996 erneut von Feuer heimgesuchte, Theater wieder eröffnet.

Oben:
Trotz Hochwasser in Reih und Glied: Die drei historischen Caffès unter den Arkaden der Prokuratien am Markusplatz gehören mit zu den Sehenswürdigkeiten Venedigs. Dem Caffè Florian in den Neuen Prokuratien liegen die Caffès Lavena und Quadri gegenüber.

VENEDIG IN DER NEUZEIT

Kurze Zeit nach der Eroberung durch Napoleon trat Frankreich im Frieden von Campoformio die Stadt an Österreich ab, ab 1805 gehörte sie wieder zum napoleonischen Königreich Italien, 1815 kommt sie als Teil des habsburgischen Königreichs Lombardo-Venetien erneut zu den Österreichern. Kurzfristig ist ein Volksaufstand unter dem Freiheitskämpfer Daniele Manin 1848 erfolgreich, doch bereits nach 15 Monaten zwang der öster-

Unten:
Der geflügelte Löwe ist das Zeichen des Evangelisten Markus, hier an der Basilica di San Marco. Statuen, Reliefs und Bilder dieses Symbols findet man im ganzen Stadtgebiet.

Rechts:
Gütertransport auf dem Rio di San Zulian. Venedigs Häuser haben ihren Haupteingang traditionell zur Wasserseite.

Mitte:
Ein ruhiger Hinterhof an der Calle dei Fabbri im Stadtviertel San Marco. Die Zisternen finden sich auf fast jedem Platz Venedigs, da sie der Gewinnung von Trinkwasser dienten. Seit dem 14. Jahrhundert wurde der Bau von Zisternen planmäßig von der Stadt gefördert.

reichische Feldmarschall Radetzky die Revolutionsregierung zur Kapitulation und wurde Gouverneur. Erst 1866 kam Venedig zu dem vereinigten Königreich Italien. Venedig war nur noch ein Schatten seiner selbst: die Stadt glich einem Armenhaus, ein Drittel der Bevölkerung lebte in Armut. Schon 1803 hatte Johann Gottfried Seume dies beobachtet: *„Das Traurigste ist in Venedig die Armuth und Betteley. Man kann nicht zehn Schritte gehen, ohne in den schneidendsten Ausdrücken um Mitleid angefleht zu werden; und der Anblick des Elends unterstützt das Nothgeschrey des Jammers. Um alles in der Welt möchte ich jetzt nicht Beherrscher von Venedig seyn; ich würde unter der Last meiner Gefühle erliegen."*

Mit dem Ersten Weltkrieg kam der Aufschwung. In Marghera und Mestre entstand ein gigantisches Industriegebiet, der Hafen wurde entsprechend ausgebaut. Für die Lagunenstadt Venedig selbst wurde aber ein anderer Wirtschaftsfaktor bedeutend: Der Fremdenverkehr wurde zur größten Einnahmequelle. Werden die Fremden immer mehr, bis zu 15 Millionen im Jahr, so sinkt die Einwohnerzahl des alten Venedig beständig. Schlechte Wohnverhältnisse in feuchten Gemäuern, zu hohe Mieten für anständige Wohnungen, hohe Lebenshaltungskosten und ein fast ausschließlich auf den Tourismus ausgerichteter beschränkter Arbeitsmarkt lassen viele Venezianer aufs Festland ziehen.

DAS BEHERRSCHENDE ELEMENT

Probleme verursacht auch die ständige Hochwassergefahr: Am 16. November 2002 standen 90 Prozent der Fläche Venedigs unter Wasser. An die hundert Mal im Jahr ertönen die 16 Sirenen beim „acqua-alta"-Alarm, insbesondere bei starkem Süd- und Ostwind. Dann sind Teile der Stadt nur noch auf provisorischen Laufstegen zu überqueren. Venedig hat seine Existenz auf Wasser gegründet, als Seemacht hatte die Stadt ihre größten Erfolge und noch immer ist sie auf das engste mit diesem Element verbunden. Doch nicht nur das „acqua alta" macht der Serenissima zu schaffen. Genauso

schlecht bekommt ihr Niedrigwasser, wenn die Kanäle trocken fallen und zu stinken beginnen. Denn das Salzwasser konserviert die Holzpfähle, auf denen ein Teil Venedigs ruht. Sind sie vermehrt der Luft ausgesetzt, beginnen sie zu faulen. Zu einer unheimlichen Geisterstadt wird Venedig, wenn das Wasser eine andere Konsistenz annimmt: Im Nebel wirken alle Geräusche gedämpft, die Sicht ist eingeschränkt und der Schiffsverkehr ist „causa nebbia" eingestellt. Unangenehme Nebenwirkungen hat die Wasserlage im Hochsommer: Wenn hohe Temperaturen die Luft schwül werden lassen und man kaum noch atmen kann, herrscht die „Afa", eine unerträgliche Schwüle. Soweit die Schattenseiten, der ansonsten so faszinierenden Lage auf dem Wasser.

Die Jahrhunderte sind nicht spurlos an Venedig vorübergegangen, und doch strahlt die Stadt immer noch einen unvergänglichen Glanz aus, der sie nicht nur im Mondenschein, wie Mark Twain meint, zu einem der schönsten Plätze der Welt macht:

„Aber bei Mondlicht hüllen die vierzehn Jahrhunderte ihrer Größe die Stadt in ihren Glorienschein, und noch einmal ist sie die fürstlichste unter den Nationen der Erde:

Es steht eine stolze Stadt im blauen Meer;
Die See spült ihre Straßen, eng und breit,
Mit Flut und Ebbe; und der salz'ge Tang
Umspinnt den Marmor jeglichen Palasts.
Kein Fußweg, keines Menschen Schritte ziehn
Zu ihrem Tor! Der Pfad führt übers Meer,
Unsichtbar; und das Land verließen wir,
Als triebe auf den Wellen diese Stadt.
Wir glitten durch die Straßen wie im Traum,
So sanft und still, an manchem Dom vorbei,
Moscheengleich, und manchem Säulengang,
Der Statuen zum blauen Himmel reckt;
An manchem Haus, das mit Orients Stolz
Ein Handelskönig einst zum Sitz sich schuf,
Wohl hat die Zeit die Fronten schon zernarbt,
Doch glühn sie noch in Farben hehrer Kunst,
Als flösse über drin verborgne Pracht."

Oben:
Unzählige architektonische Details fordern die Aufmerksamkeit bei einem Spaziergang durch das Stadtviertel Castello: Ein gotischer Spitzbogen überspannt einen Durchgang nahe dem Campo Santa Maria Formosa.

Seite 26/27:
Mit einem einzigen Bogen überspannt die Ponte di Rialto den Canal Grande. Lange Zeit war sie die einzige Fußgängerverbindung, erst im 19. Jahrhundert entstand die Akademiebrücke. Vollendet wurde die Rialtobrücke aus istrischem Marmor im Jahre 1590.

RIAPRE LA FENICE
14 – 21 DICEMBRE 2003
SETTIMANA INAUGURALE

HOTEL RIALTO

NÖRDLICH DES CANAL GRANDE – VOM MACHTZENTRUM ZUM GHETTO

„So sah er ihn denn wieder, den erstaunlichsten Landungsplatz, jene blendende Komposition phantastischen Bauwerks, welche die Republik den ehrfürchtigen Blicken nahender Seefahrer entgegenstellte: die leichte Herrlichkeit des Palastes und die Seufzerbrücke, die Säulen mit Löw' und Heiligem am Ufer, die prunkend vortretende Flanke des Märchentempels, den Durchblick auf Torweg und Riesenuhr, und anschauend bedachte er, dass zu Lande, auf dem Bahnhof in Venedig anlangen, einen Palast durch die Hintertür betreten heiße, und dass man nicht anders als wie nun er, als zu Schiffe, als über das hohe Meer die unwahrscheinlichste aller Städte erreichen sollte."

So Gustav Aschenbach in Thomas Manns „Tod in Venedig". Wer vom Meer aus in Venedig anlangt,

Seite 28/29:
Byzantinische Dachlandschaft: Vom Campanile blickt man auf die Basilica di San Marco, deren Kuppeln sich auf dem Grundriss eines griechischen Kreuzes, über der Vierung und den Kreuzarmen, erheben. Der heutige Bau entstand ab dem Jahre 1063.

Bis zu zwölf Personen finden auf einem Traghetto Platz. Die Gondelfähren pendeln zwischen den Ufern des Canal Grande hin und her und ergänzen die lediglich drei Brücken.

wird sogleich in den Bann gezogen von der grüßenden Architektur des Dogenpalastes und der gesamten Platzanlage der Piazza San Marco sowie der Piazetta, die den eigentlichen Zugang zu dem Markusbecken (Bacino di San Marco) bildet. Gleich an der Wasserseite markieren die beiden Säulen mit dem Symbol des Heiligen Markus, dem geflügelten Löwen, und mit dem Heiligen Theodor den Eingang. Der Bedeutung des Platzes in der Geschichte als Festsalon, Kulisse wichtiger politischer und religiöser Feierlichkeiten und ebenso als Marktplatz, entspricht die Tatsache, dass er allein die Bezeichnung „Piazza" tragen darf. Hier finden sich die bedeutendsten repräsentativen Gebäude der Lagunenstadt in einem einzigartigen Ensemble: Im byzantinischen Stil, mit ihren leuchtenden Goldmosaiken und vier antiken Bronzepferden, erhebt sich die Urkirche Venedigs, die Basilica di San Marco, an der Stirnseite der Piazza. Direkt benachbart symbolisiert der Palazzo Ducale, der Dogenpalast, mit seinen spätgotischen Schmuckelementen die einstige Weltmacht Venedigs. Die Alten Prokuratien an der Nordseite vertreten den Stil der venezianischen Frührenaissance, der Napoleonische Flügel den Klassizismus. Der Torre dell'Orologio mit seiner vergoldeten Uhr wurde Ende des 15. Jahrhunderts als Wunderwerk angesehen. Über allem ragt der Campanile fast hundert Meter hoch auf, erbaut im 12. Jahrhundert, bekrönt mit seiner Pyramidenspitze aller-

Vom Glockengeschoss des Turmes der Kirche San Giorgio Maggiore hat man einen herrlichen Blick auf das Stadtzentrum von Venedig mit Campanile und Dogenpalast, und das davor gelegene Hafenbecken Bacino di San Marco.

dings erst im 15. Jahrhundert. 1902 brach der Turm in sich zusammen, wurde aber originalgetreu wieder aufgebaut.

Das Viertel San Marco, das zentralste der sechs historischen Stadtviertel, ist von seiner Nähe zum Herrschaftszentrum geprägt: Stattliche Kirchen wie die Chiesa San Salvatore, imposante Herrenhäuser wie der Palazzo Contarini del Bovolo mit seinem gewundenen Treppenturm und große Plätze wie der Campo San Stefano bestimmen das Bild. Hier befindet sich auch das berühmte, bereits dreimal abgebrannte und vor kurzem erst wieder neueröffnete Opernhaus mit dem passenden Na-men La Fenice (der aus der Asche aufgestiegene Phönix) und das Teatro Goldoni.

KEIMZELLE DER MACHT

Venedigs breite Uferpromenade, die Riva degli Schiavoni führt von San Marco in das benachbarte Viertel Castello. Auf einem Stadtplan bilden die Umrisse Venedigs das Bild eines Fisches – in Castello befände man sich dann gewissermaßen auf seinem Schwanz. Hier war die Keimzelle von Venedigs Macht und Reichtum: Im Arsenal, der großen Schiffswerft der Stadt, wurden die Kriegs- und Handelsgaleeren gebaut, die den Aufstieg zur Weltmacht erst ermöglichten. Zu Glanzzeiten waren hier 16 000 Werftarbeiter beschäftigt, die alle Geheimnisträger des venezianischen Schiffbaus waren. Gleich nebenan wird alle zwei Jahre große moderne Kunst auf dem Gelände der Biennale präsentiert.

Als den oberen Rücken des Fisches könnte man das Sesteri Cannaregio beschreiben, das sowohl das hektische Bahnhofsviertel, als auch das erste jüdische Ghetto Europas beherbergt. Fast 5000 Juden lebten hier im 17. Jahrhundert und von den beengten Verhältnissen zeugen die höchsten Wohnhäuser Venedigs. 1516 beschloss die venezianische Regierung die Juden der Stadt auf dem Gelände einer ehemaligen Kanonengießerei (getto = Gussarbeit) zu kasernieren. Ursprünglich war das Viertel nur über zwei Brücken erreichbar und wurde nachts mit zwei Toren verschlossen.

DIE SCHÖNSTE WASSERSTRASSE DER WELT

Wie ein spiegelverkehrtes „S" schlängelt sich der Canal Grande durch die Stadt und teilt sie in zwei Hälften: Im Norden Cannaregio, San Marco und Castello, im Süden Santa Croce, San Polo und Dorsoduro. Er folgt einem natürlichen Verlauf, denn ursprünglich war er der Mündungsarm des Flusses Brenta. Hier, am Rivus Altus (tiefer Fluss), lagen die Anfänge der Siedlung, die noch im Namen Rialto bewahrt sind. Nur drei Brücken, die Ponte dell'Accademia, die berühmte Rialtobrücke und die Ponte Scalzi, überspannen den knapp vier Kilometer langen und 30 bis maximal 70 Meter breiten Kanal. Im Sommer 2004 soll ein vierter Übergang, entworfen von dem spanischen Star-Architekten Santiago Calatrava hinzukommen: Ein 80 Meter langer, kühner Bogen aus Stahl und Glas soll den Bahnhof mit der Piazzale Roma verbinden. Dass am Canal Grande Venedigs vornehmste Wohnadresse war, lässt sich an den über 200 Palazzi ablesen, die ihre Prachtfassaden dem Wasser zuwenden: Romanische Rundbogen, gotische Spitzbogen, Renaissanceelemente, die Fassade des Barock bis hin zu Palazzi des Klassizismus – eine Fahrt auf dem Canal Grande gleicht einer Fahrt durch die Architekturgeschichte, wobei die gut ein Dutzend Kirchenfassaden noch gar nicht erwähnt sind. Werden die Paläste heute überwiegend Palazzo genannt, war dies früher verpönt und noch heute erinnern die Ca' d'Oro, die Ca' da Mosto oder Ca' Rezzonico daran, dass prächtigste Prunkbauten mit dem bescheidenen Ca' beziehungsweise Casa (Haus) bezeichnet wurden. Trotz all seiner baulichen Schmuckstücke ist der Canal Grande auch eine Hauptverkehrsstraße, auf der sich Vaporetti, Sportboote, Transportschiffe und Gondeln drängen.

In historische Zeiten versetzen so manche Kostüme des Carnevale di Venezia. Damals sollten die Maskeraden Standesunterschiede aufheben.

Gondelparkplatz vor dem Dogenpalast. Rechts daneben wurde im 16. Jahrhundert das Staatsgefängnis Prigioni Nuove errichtet, das mit dem Palast durch die berühmte Seufzerbrücke verbunden ist. Zuvor befanden sich die Kerker im Dogenpalast selbst.

Seite 34/35:
Ein einzigartiges Ensemble: Links die Liberia Vecchia di San Marco, im Hintergrund der Campanile, zum Wasser hin die beiden Säulen des Markuslöwen und des Heiligen Theodor, rechts der Palazzo Ducale, der Dogenpalast.

Unten:
Morgenstimmung auf der Piazzetta vor dem Dogenpalast. Staatsgefängnis, Regierungs- und Justizgebäude, Wohnsitz des Dogen – der Palazzo Ducale hatte im Lauf der Geschichte unterschiedliche Funktionen. Begonnen wurde der Bau 1340, als die Zahl der Mitglieder des Großen Rates einen großen Versammlungsraum nötig machte.

Rechts:
Der monumentale Bau des Dogenpalastes wirkt trotz seiner Größe filigran durch die feine architektonische Gliederung seiner Fassade: Auf der untersten Spitzbogenarchitektur stehen die enger gestellten Säulenbögen der offenen Loggia im Verhältnis zwei zu jeweils einem unteren. Darüber sind Vierpassöffnungen angebracht. Weiß-rote Rautenmuster lockern neben breiten Spitzbogen- und kleinen Rundfenstern die oberste Wandfläche auf.

Das architektonische Bindeglied zwischen Dogenpalast und der Basilica di San Marco ist die gotische Porta della Carta, die in den Innenhof des Palastes führt. Über der Pforte kniet der Doge Francesco Foscari vor dem Markuslöwen, über dem Fenster segnet in einem Tondo der Heilige Markus die Eintretenden. Ihren Namen bekam die Pforte von den Bittstellern, die hier ihre schriftlichen Gesuche (carta = Papier) abgeben mussten.

Unten:
Die Gebäudeecken des Palazzo Ducale sind reich mit Skulpturen geschmückt: Es beeindrucken sowohl die Figuren als auch die floralen Formen.

Unten rechts:
An der Nordwestecke des Palastes stellt die Skulpturengruppe das Urteil des Salomon dar.

Oben:
Über dem Urteil des Salomon wurde der Erzengel Gabriel in den Stein gemeißelt. Beide sollen auf die Justiz als zentrales Element der Regierung hinweisen.

Oben rechts:
Die Jahrhunderte sind auch an der Fassade des Dogenpalastes nicht spurlos vorübergegangen: Originale Architekturelemente werden im Inneren des Palastes ausgestellt.

Rechts:
Noch beeindruckender als die Ausmaße von 54 mal 25 Metern sind die Deckengemälde der Sala del Maggior Consiglio im Palazzo Ducale. Nach einem Brand von 1577, dem die Ausmalungen von Bellini, Tizian, Carpaccio und anderen zum Opfer fielen, schmückten neben weiteren Künstlern Tintoretto und Veronese die Flächen aus.

Oben:
Das Werk Vincenzo Catenas, beinhaltet auch eine große Anzahl an Portraits. Das des Dogen Andrea Gritti (Regierungszeit 1523–1538) schuf er zwischen 1523 und 1531.

MACHTVOLLE HERRSCHER – DIE DOGEN

1100 Jahre währte die Herrschaft der Dogen, von dem ersten oströmischen „dux" Paoluccio Anafesto bis zum letzten: Ludovico Manin, der 1797 die Dogenmütze, das Amtszeichen, mit den Worten zurück gab: „Sie wird nicht mehr gebraucht." Dazwischen repräsentierten 120 Dogen Venedig und nicht wenige traten wie mächtige Fürsten auf. Doch hatten die Staatsoberhäupter der Republik wirklich so viel Macht?

Zunächst ja: Nach der Loslösung von der Schutzmacht Byzanz im 9. Jahrhundert entwickelte sich das Amt zur Machtbasis umfassender Hoheitsgewalt. Gewählt und legitimiert in seiner nahezu unbeschränkten Machtfülle auf Lebenszeit wurde der Doge vom Volk. Doch als im 10. Jahrhundert der Doge Pietro Candiano versuchte, das Amt erblich zu machen, wurde dem ein Riegel vorgeschoben. Gesetze bestimmten, dass der Doge keine Mitregenten und Nachfolger bestimmen durfte. Nach 1032 konnte der Doge abgewählt werden, seit dem 12. Jahrhundert war er an Mehrheitsbeschlüsse der unter seinem Vorsitz tagenden Signoria, dem Kleinen Rat, gebunden. Dieser war so etwas wie eine Staatsregierung und bestand aus dem Dogen und den sechs Consiglieri, den Dogenräten für die sechs Stadtviertel Venedigs, zu denen im 13. Jahrhundert die drei Vorsteher der Quarantia Criminal, der höchsten richterlichen Behörde, hinzukamen. Mitte des 12. Jahrhunderts wurde auch das gemeine Volk von der Wahl des Dogen ausgeschlossen, welcher nun vom Großen Rat eingesetzt wurde. Der Große Rat war höchste gesetzgebende Autorität und Überwachungsorgan für den Dogen. Hier waren die großen Adelsfamilien der Republik vertreten.

Oben:
Amtszeichen der Dogen war auch ihre Kopfbedeckung, die der phrygischen Fischermütze nachempfunden ist.

Mitte:
Die offene Loggia des Palazzo Ducale, der neben seiner Funktion als Regierungs- und Gerichtsgebäude auch Wohnsitz des Dogen war.

„SKLAVE DER REPUBLIK"

Die Einschränkungen für das Amt des Dogen gingen aber noch weiter: Er durfte keine privaten oder auswärtigen Ämter innehaben, Söhne durften zu Lebzeiten des Dogen keine öffentlichen Ämter annehmen, Söhne und Töchter nicht ohne Erlaubnis des Großen Rates nach auswärts heiraten. Er durfte keine Geschenke annehmen außer Blumen, Duftkräuter oder Rosenwasser. Nach dem Tode eines Dogen wurden seine Einkünfte und die

Amtsführung von Inquisitoren überprüft und gegebenenfalls wurde die Strafe an die Familie weitergereicht. Schon Petrarca bezeichnete deshalb den Dogen als „Sklaven der Republik“, die eigentliche Macht lag bei den Adeligen des Großen Rates.

Über das Repräsentative hinaus brachte es ein Greis als Doge zu kriegerischem Ruhm: Enrico Dandolo, geboren um 1107, starb er fast hundertjährig am 14. Juni 1205. Erst mit 82 Jahren wird er, aus einer alten venezianischen Adelsfamilie stammend, ins Amt gewählt um Reichtum und politische Vormachtstellung Venedigs nachhaltig zu fördern. Er vertrieb die Pisaner aus Istrien, eroberte als 94-Jähriger Konstantinopel, in dem er den Vierten Kreuzzug ohne Einwilligung des Papstes zu seinen Zwecken nutzte, und baute Stützpunkte im gesamten östlichen Mittelmeer aus. Dieser Machtmensch wird als Venedigs „kühnster Doge“ bezeichnet und vielleicht ist er auch in dem Gedicht Rainer Maria Rilkes gemeint:

Ein Doge
Fremde Gesandte sahen, wie sie geizten
Mit ihm und allem was er tat;
Während sie ihn zu seiner Größe reizten,
umstellten sie das goldene Dogat

mit Spähern und Beschränkern immer mehr,
bange, dass nicht die Macht sie überfällt,
die sie in ihm (so wie man Löwen hält)
vorsichtig nährten. Aber er,

im Schutze seiner halbverhängten Sinne,
ward dessen nicht gewahr und hielt nicht inne,
größer zu werden. Was die Signorie

in seinem Innern zu bezwingen glaubte,
bezwang er selbst. In seinem greisen Haupte
war es besiegt. Sein Antlitz zeigte wie.

Links:
Der Doge Francesco Foscari kniet vor dem Markuslöwen auf der Porta della Carta. Die Figurengruppe symbolisiert die Unterordnung des einzelnen unter die Staatsmacht.

Oben:
Bis zum Ende der Republik 1797 fuhr der Doge alljährlich um Himmelfahrt mit der prunkvollen Staatsgaleere, dem Bucintoro, auf das Meer, um einen Ring zum Zeichen der ewigen Verbindung mit dem Meer in die Fluten zu werfen. Das Gemälde stammt von Francesco Guardi.

Oben links:
Die Ausschmückung allein der Decken des Palazzo Ducale dokumentiert den enormen Reichtum der einstigen Seerepublik.

Blick auf den Innenhof des Dogenpalastes, im Hintergrund erheben sich die Kuppeln der Basilica di San Marco. Den Übergang zur Markuskirche im Norden bilden die Seitenansicht des Arco Foscari und die Front des Portico Foscari.

Süd-, West- und Ostflügel des Innenhofes des Palazzo Ducale nehmen das Motiv der doppelten Loggia der Außenfassade auf. Die beiden großen Bronzezisternen wurden von Alfonso Alberghetti und Niccolò dei Conti gegossen.

Krönungsplatz der Dogen: Auf dem oberen Absatz der Scala dei Giganti wurde den Dogen ihr Amtszeichen, die Dogenmütze verliehen. Der Name der Treppe stammt von den beiden Kolossalstatuen, Neptun und Mars, von Jacopo Sansovino.

Ließen sich zu früheren Zeiten vielleicht Bittsteller hier nieder, dienen die marmornen Bänke unter den Arkaden des Palazzo Ducale heute auch anderen Zwecken.

Rechte Seite:
Der Markuslöwe auf seiner Colonna vor dem Campanile. 99 Meter erhebt sich das Wahrzeichen Venedigs am Schnittpunkt der Piazza und Piazzetta. Der einstige Leucht-, Wach- und Glockenturm wurde im 12. Jahrhundert errichtet, seine Pyramidenspitze erhielt er erst im 15. Jahrhundert. Am 14. Juli 1902 stürzte der Turm in sich zusammen, zehn Jahre später war der originalgetreue Wiederaufbau vollendet.

Der Heilige Theodor auf seiner Säule vor der Liberia Vecchia di San Marco. Noch Anfang des 9. Jahrhunderts war er der Schutzherr Venedigs, dann suchte sich die aufstrebende Seemacht einen prominenteren Heiligen: Markus.

Ein kunstvoll geschmiedetes Tor bildet den Zugang zur Loggetta am Fuße des Campanile. Jacopo Sansovino schuf die kleine Marmorhalle zwischen 1537 und 1540, damit sich dort die Mitglieder des großen Rates versammeln und geschlossen zu ihren Sitzungen gehen konnten. Später hatte die Palastwache dort ihren Standort.

Seite 48/49:
Einer der anmutigsten Plätze der Welt: Schon Napoleon nannte die Piazza di San Marco den „schönsten Salon Europas, würdig nur den Himmel als Dach über sich" zu haben. Vor der Kulisse der Basilica di San Marco und den Alten Prokuratien genießt man die einzigartige Atmosphäre Venedigs.

ORANTE
GRAN CAFFE

Links oben:
Mosaiken erhielt die Westfassade der Basilica di San Marco im 13. Jahrhundert. Doch nur das über der Porta Sant'Alippio ganz links ist erhalten. Die restlichen Mosaiken stammen aus dem 17. und 18. Jahrhundert und stellen die Geschichte der Markusreliquien dar. Hier: die Ankunft in Venedig.

Links Mitte:
An der Südwestecke der Markusbasilika ist eine spätantike Figurengruppe aus Porphyr eingemauert. Die Bedeutung der vier sich umarmenden Männer ist unklar, der Legende nach sind es Diebe, die beim Versuch den Markusschatz zu rauben, in Stein verwandelt wurden.

Links unten:
Christus als Weltenrichter thront in der Lünette des Hauptportals der Westfassade der Markuskirche. Das Mosaik stammt aus dem Jahre 1836.

Unten:
Einer der erstaunlichsten Sakralbauten des europäischen Mittelalters: die Basilica di San. Begonnen wurde mit dem Bau nach dem Vorbild der Apostelkirche in Konstantinopel 1063, bis ins 16. Jahrhundert dauerten die Arbeiten.

BENEDITUSQUIUE

ARMINIVS
ZVCATVS

Seite 52/53:
Über 4000 Quadratmeter Goldmosaike überwältigen im Inneren der Markusbasilika. Von der Westempore blickt man in den Kirchenraum.

Seite 54/55:
Nahezu alle Themen des Alten und Neuen Testaments sind in den Goldmosaiken des Markusdoms dargestellt: eine Bibel in Bildern.

Links:
Karneval im Caffè Florian: Als erstes Kaffeehaus öffnete es seine Pforten 1720 noch unter dem Namen „Venezia trionfante“.

Unten:
Maskenspiel unter venezianischen Arkaden: Die lange Tradition des Karnevals wurde für fast 200 Jahre unterbrochen, nachdem Napoleon 1797 das „verrufene“ Treiben untersagte.

Oben:
Im Caffè Florian am Markusplatz findet man noch klassische Kostüme: der Dreispitz (Tricorno) gehörte zur Maske der „Bautta“.

Seite 58/59:
Bilder einer Phantasiewelt: Karnevalisten vor dem Wasser der Lagune. Ein Erlass von 1458 verbot es Männern, sich „als Frauen zu verkleiden, um sich in Nonnenklöster zu begeben“.

VOM KARNEVAL ZUM KIRCHENFEST –

VENEDIG FEIERT

„Nur die Natur ist ewig, und vor ihr ist noch Venedig für die Völker all der Tummelplatz der Lust, Italiens Karneval.“

Obwohl bereits seit 1797 von dem Eroberer Napoleon verboten, ist der Ruhm des venezianischen Karnevals noch so groß, dass ihn Lord Byron, der 1816 in Venedig eintrifft, in „Childe Harolds Pilgerfahrt“ besingt. Besonders im 18. Jahrhundert, als anderswo in Europa Unabhängigkeitskriege tobten, Revolutionen und soziale Umwälzungen stattfanden, amüsierte man sich in der Serenissima bei Lustbarkeiten und Frivolitäten, spielte mit der Maskerade verkehrte Welt. Die Masken ermöglichten eine Vermischung der Standesunterschiede, Regeln und Tabus galten während der närrischen Zeit wenig.

Oben:
Die Palazzi entlang des Canal Grande sind anlässlich der Regata storica festlich geschmückt und die Balkone dicht mit Zuschauern besetzt.

Mitte:
Am ersten Septembersonntag findet die Regata storica statt. Historische Boote, unter anderem ein Nachbau des Prunkschiffes des Dogen (Bucintoro), paradieren den Canal Grande entlang.

Entstanden war der Karneval ursprünglich aus den spätantiken Saturnalien, den Feiern zur Jahreswende. Die mit dem Christentum aufkommende Bezeichnung „Karneval“ kommt wohl von dem lateinischen „carne vale“ (= Fleisch lebe wohl), dem Namen des letzten Mahls vor der Fastenzeit. Urkundlich erwähnt werden die venezianischen Festlichkeiten erstmals im Jahre 1094 und seit der Renaissance war die Maske das zweite Gesicht der Venezianer, die sie nicht nur zur offiziellen Karnevalszeit, sondern bereits ab Oktober bis in den Frühsommer hinein trugen. Bis zum Verbot durch Napoleon belebten Maskierte in der vornehmen Bautta (Dreispitz, weiße Larve, schwarze Spitzenmantille), Figuren der Commedia dell'Arte oder sogar als Pestärzte Verkleidete die Straßen

und Plätze Venedigs. Der Medico della Pesta trug einen Stab, mit dem er aus „sicherem“ Abstand die Kranken untersuchte, und eine Schnabelmaske, in der sich zu Pestzeiten Gaze befand, um die Atemluft zu filtern. Nach fast zwei Jahrhunderten Zwangspause wurde 1979 wieder Karneval in Venedig gefeiert und seitdem herrscht an den zehn Tagen vor der Fastenzeit wieder ausgelassenes Maskentreiben in der Stadt.

Doch der Karneval ist nicht die einzige Gelegenheit bei der ausgiebig gefeiert wird und bei einer Stadt auf dem Wasser liegt es nahe, dass Regatten bei

Festen eine große Rolle spielen. So findet am 25. April das Patronatsfest „Festa di San Marco“ statt, an dem die Gondolieri zwischen Sant'Elena und Punta della Dogana um die Wette rudern. Venedigs längste Regatta ist die „Voga longa“ im Mai, bei der 32 Kilometer auf der Lagune zurückzulegen sind.

VERMÄHLUNG MIT DEM MEER

Ebenfalls mit dem Wasser hat das „Festa della Sensa“ zu tun: Am Sonntag nach Himmelfahrt wird an die symbolische Vermählung Venedigs mit dem Meer erinnert, die wohl erstmals 1177 von einem Dogen vollzogen wurde. Mit den Worten „Wir vermählen uns dir, Meer, zum Zeichen der wahren und dauerhaften Herrschaft“ wird seitdem ein Ring in die Fluten geworfen. Am Nachmittag finden wiederum Ruderregatten auf der Lagune statt. Im September hat die „Regata storica“ ihren Platz auf dem Canal Grande, eine historische Regatta mit prachtvoll geschmückten Booten und einer Nachbildung des Bucintoro, dem Boot des Dogen.

Zwei weitere große Feste erinnern an die Erlösung von der Pest und sind mit zwei Kirchen verbunden: Im Juli liegt das Erlöserfest „Festa del Redentore“. Auf einer Pontonbrücke führt eine feierliche Prozession von der Fondamenta Zattere zur Palladiokirche Il Redentore auf der Insel Giudecca. Am „Festa della Salute“ im November wird eine Brücke aus Booten vom Campo Santa Maria del Giglio über den Canal Grande zur Kirche Santa Maria della Salute gebildet.

Oben:
Die Sehnsucht für begrenzte Zeit ein anderer zu sein, liegt dem Maskentreiben vielleicht zu Grunde. Zu früheren Zeiten wurden durch die Kostümierung die Standesunterschiede kurzfristig aufgehoben.

Ganz oben:
Der Glanz vergangener Zeiten lebt im Carnevale di Venezia wieder auf: historische Masken im Caffè Florian.

Ganz oben links:
Nicht nur Gondeln sind eine historische venezianische Bootsform: Es gibt Desdonata, Caorlina, Gondolin oder Mascareta.

Mehrmals im Jahr geben die Sirenen Venedigs Hochwasseralarm. Dann ist die Piazzetta vor dem Dogenpalast nur noch auf Stegen zu überqueren.

Der Markusplatz ist die am tiefsten gelegene Stelle der Stadt und wird deshalb besonders häufig vom Hochwasser heimgesucht.

Acqua alta an der Mole der Piazetta. Der Markuslöwe und San Teodoro auf ihren Säulen müssen zumindest keine nassen Füße befürchten.

Hier werden nicht nur die Uhrzeit, sondern auch die Mondphasen, der Sonnenstand und die Tierkreiszeichen angezeigt: die Prunkuhr des Torre del Orologio.

Durch ihre besondere Form gewinnt die Piazza San Marco an Tiefe: Zu der Ala Napoleonica hin verjüngt sich der Platz von 82 Metern an der Markusbasilika auf etwas über 56 Meter. Durch die fast gleichförmigen Arkadenbauten auf drei Seiten erhält er eine einzigartige architektonische Geschlossenheit.

Rechts:
Die drei historischen Kaffeehäuser Lavena, Quadri und Florian am Markusplatz bieten am Abend auch gepflegten Musikgenuss zur stimmungsvollen Atmosphäre des Platzes.

Links oben:
Unter den Arkaden der Neuen Prokuratien kann man vielleicht am stimmungsvollsten seinen Caffè in Venedig genießen: das traditionsreiche Caffè Florian.

Links Mitte:
1720 eröffnet hieß es zunächst „Venezia trionfante“, das triumphierende Venedig, bevor es später den Namen seines ersten Besitzers Floriano Francesconi erhielt.

Links unten:
Platz für die Flaneure muss bleiben: Die Tischchen des Caffè Florian sind im Bogengang so aufgestellt, dass man ungehindert hindurchlaufen kann.

Unten:
„Die braunen Sitzbänke, die erlesenen Porträts, der verzierte Spiegel, die Holzverkleidung, das kunstvoll bemalte, geschwungene Deckengewölbe und das Parkett – alles hatte unzweifelhaft eine Geschichte zu erzählen, jeder Gegenstand aus seiner eigenen Geschichte.“ (Edward Sklepowich in „Die letzte Gondel“ über das Caffè Florian)

Rechte Seite:
Die Vögel: Zu Tausenden bevölkern die Tauben den Markusplatz und stürzen sich auf jeden, der sie füttert. Mobile Verkaufswagen bieten hierzu Futtertüten an.

Attraktion und Ärgernis: Die Tauben auf dem Markusplatz und der Piazzetta. Obwohl sie mit ihren Hinterlassenschaften den Denkmalen schaden, werden sie von Groß und Klein gefüttert.

Unten:
Schattenspiele unter den Arkaden der Piazza San Marco. Durch die auf drei Seiten verlaufenden Bogengänge wird eine unvergleichliche architektonische Geschlossenheit erreicht.

Rechts oben:
Unter den Bogendurchgängen der Ala Napoleonica, des jüngsten Flügels, hindurch gelangt man von der Calle dell'Ascensione auf den Markusplatz.

Rechts Mitte:
Morgenstimmung auf dem Markusplatz. Die Stühle und Tische des Caffè Florian warten auf die ersten Gäste.

Rechts unten:
Blick durch den Säulengang der Ala Napoleonica bis zum Dogenpalast. Der Hauptzugang zur Piazza San Marco liegt eigentlich an der Mole der Piazzetta.

Carroll
Museo Correr

Seite 72/73:
Keine Straße oder Denkmal stört die Harmonie des Platzes, der mehrere Male im Jahr unter Wasser steht. Vom Campanile aus ist die trapezoide Anlage der Piazza San Marco deutlich zu erkennen.

Unten:
Mehrere Brücken überspannen den Rio de Palazzo, der auch an der Ostseite des Dogenpalastes entlangführt. Die berühmteste ist die Ponte dei Sospiri, die geschlossen gebaute Seufzerbrücke, die den Dogenpalast mit dem im 16. Jahrhundert erbauten Gefängnis verbindet.

Unten:
Eingang auf Wasserhöhe: am Rio della Verona mitten im Stadtsechstel von San Marco in der Nähe des Gran Teatro La Fenice.

Seite 76/77:
Bis ins 19. Jahrhundert war die Rialtobrücke die einzige Verbindung über den Canal Grande, der in gespiegelter „S-Form" die Stadt teilt. 1588 bis 1591 errichtete Antonio da Ponte die Steinbrücke, auf der es bereits damals Ladengeschäfte gab, die die Baukosten erwirtschaften sollten.

Depero

An der schönsten Wasserstraße der Welt, dem Canal Grande, reiht sich ein Palazzo an den anderen: Der imposante Palazzo Pesaro mit seiner barocken Fassade wurde erst nach einem halben Jahrhundert Bauzeit 1710 fertig gestellt.

Alle am Canal Grande gelegenen Paläste haben ihre Fassaden dem Wasser zugewandt. Der ursprünglich gotische Palazzo Flangini-Fini wurde im 17. Jahrhundert umgestaltet.

Palazzo Contarini-Fasan und Palazzo Contarini (Mitte) gegenüber Santa Maria della Salute: In dem kleinen Palast mit den reich verzierten Balkonbrüstungen soll der Legende nach Desdemona gelebt haben.

Gleich bei der Ponte dell'-Academia liegt auf der Seite von San Marco der Palazzo Cavalli-Franchetti mit reichem gotischen Maßwerk, das größtenteils während einer Restaurierung im 19. Jahrhundert entstand.

Die Baugruppe der Paläste Zulian (gelb-weiß), Ruoda und Gussoni-Grimani. Die beiden ersteren stammen aus dem 17. Jahrhundert, der Palazzo Gussoni-Grimani aus dem 16. Jahrhundert.

Rechte Seite oben und unten:
Die Regata storica bei der Rialtobrücke. Als altes Seefahrervolk ist die Tradition der Regatten in Venedig lang: Bereits um 1300 sollen die ersten Regatten stattgefunden haben. Heute werden die verschiedenen Prunkboote von Rudermannschaften in historischen Kostümen in einer Parade entlang des Canal Grande bewegt, bevor die ersten Wettkämpfe stattfinden.

Rechts:
Der Canal Grande als Kulisse für die Regata storica: Am ersten Septembersonntag fahren die historischen Boote auf der prachtvollen Wasserstraße Richtung Santa Maria della Salute.

VENEZIA
REGATA STORICA
COMUNE DI VENEZIA

VENEZIA
REGATA STORICA
COMUNE DI VENEZIA
GRAN PREMIO
IL GAZZETTINO

Der Canal Grande zwischen der Ca' d'Oro und Rialtobrücke. Rund 350 historische Bauten säumen die Ufer des 3,8 Kilometer langen Kanals, davon etwa 70 gotische Paläste und 130 aus Renaissance und Barock.

Bis zu zwölf stehende Personen kann ein Traghetto aufnehmen. Die Fährgondeln ergänzen die drei Brücken über den Canal Grande und bieten Besuchern die günstigste Gelegenheit Gondel zu fahren.

Auch die Pakete werden in Venedig mit dem Boot ausgeliefert. Besonders in der Nähe des Campo della Pescheria, vor den Fabbriche Nuove ist das Verkehrsaufkommen besonders stark.

Venedigs Busse: Die Vaporetti sorgen für den Linienverkehr auf dem Canal Grande. Die Schiffe, die die Altstadt umrunden und zu den Inseln fahren, heißen Motoscafi.

Seite 84/85:
Blick von der Rialtobrücke auf den Canal Grande: Rechts die Fondaco dei Tedeschi, die Warenbörse der „deutschen" Kaufleute. Das Gebäude war Handelsplatz und Herberge zugleich und wurde 1228 zum ersten Mal erwähnt. Nach einem Brand 1505, übernahm die Republik Venedig den Wiederaufbau, woraus sich auf den wirtschaftlichen Nutzen der Warenbörse schließen lässt, denn bei jedem abgeschlossenen Geschäft ging ein entsprechender Prozentsatz an den venezianischen Staat.

Oben:
Flammende Gotik: Die Ca' d'Oro ist Höhepunkt und Vollendung der venezianischen Gotik, erbaut zwischen 1421 und 1440. Den Namen „Goldenes Haus" verdankt der Palazzo am Canal Grande einer nicht mehr existenten goldenen Bemalung und seiner heute noch beeindruckenden reichen architektonischen Verzierung.

Rechts:
Übernachten im Haus des Dogen Andrea Gritti: Das noble Hotel Gritti Palace in dem Palazzo aus dem 15. Jahrhundert liegt direkt am Canal Grande.

Links:
Die Ca' da Mosto (ganz links) ist eines der ältesten Wohnhäuser Venedigs aus dem 13. Jahrhundert. 1432 wurde hier der Seefahrer Alvise da Mosto geboren. Rechts daneben liegt der Palazzo Bolani-Erizzo.

Unten:
An der Riva degli Schiavoni kann man bereits seit 1822 in einem Palazzo sein Quartier nehmen: Das Hotel Danieli bietet Luxus in dem gotischen Palast der Dogenfamilie Dandolo aus dem 14. Jahrhundert.

SINFONIE AUS SÄULE UND BOGEN –

VENEZIANISCHE PALASTARCHITEKTUR

Oben:
Eine Sinfonie aus Bogen und Säulen: Die Ca' d'Oro ist das vollkommenste Beispiel der venezianischen Gotik.

Mitte:
An den Ufern des Canal Grande kann man venezianische Architektur in allen Formen studieren: Der spätgotische Palazzo Bembo (links) aus dem 15. Jahrhundert hat eine auffällig breit gezogene Fassade.

Bahnbrechende architektonische Neuerungen wie das Florenz der Renaissance oder das Rom des Barock lässt Venedig laut Aussagen der Kunsthistoriker vermissen. Dennoch hat die mächtige Handelsmetropole einen ganz eigenen Stil, eine Verschmelzung fremder Einflüsse zu einem spezifisch venezianischen Baustil, hervorgebracht. Anregungen aus Byzanz und dem Orient brachten die Bevorzugung von Säule und Bogen, die geradezu zum „architektonischen Leitmotiv" Venedigs wurden.

Dabei spielte eine Rolle, dass die große Seemacht Venedig zahlreiche antike und byzantinische Säulen, besonders nach der Eroberung Konstantinopels, „importierte" und für seine Bauten wiederverwendete. Typisch war dabei für die „Stadt der Säulen" die Verbindung von Säule und Bogen zur Säulenarkade, die man in den vielfältigsten Formen an den venezianischen Häusern beobachten kann: als einfachen Rundbogen, bei enger Säulenstellung „gestelzt", das heißt die Bogenkrümmung beginnt erst über einer kurz fortgesetzten Vertikalen, oder als so genannten „echten" gotischen Spitzbogen. Als sarazenische Bogenformen, auch Eselsrücken genannt, werden jene bezeichnet, deren konkaven Teile sich oben konvex fortsetzen, also eine Art geschwungener, spitz zulaufender Bogen. Im Laufe des 14./15. Jahrhunderts wurde der Fassadenschmuck immer reicher und gipfelte in der späten „flammenden" Gotik zum Beispiel der Ca' d'Oro.

STRUKTUR EINES VENEZIANISCHEN PALAZZO

Zwar wurde die Bezeichnung Palazzo ursprünglich nur für den Palazzo Ducale gebraucht, die anderen wurden „Casa" (Haus) oder kurz Ca' genannt, doch gibt es in kaum einer anderen italienischen Stadt so viele Paläste wie in Venedig.

Links:
Vielleicht der einzige Palast, dessen Innenhof interessanter ist als die Schauseite zum Wasser hin: Die Außenwendeltreppe des Palazzo Contarini del Bovolo.

Denn die zahlreichen adligen und reichen bürgerlichen Bauherren mussten sich mit zwei Problemen nicht befassen: Erstens bot das Wasser der Lagune ausreichend Schutz vor Angriffen von außen und zum zweiten herrschten in Venedig nicht die Familienfehden gegeneinander, wie sie aus anderen Städten, beispielsweise San Gimignano, bekannt sind. So musste sich die Wehrhaftigkeit nicht in der Architektur manifestieren. Von dem Aufbau eines Palastes haben sich Besonderheiten bis ins 18. Jahrhundert hinein erhalten: Der repräsentative Eingang befindet sich meist auf der dem Wasser zugewandten Seite, der einfachere gegenüber. Beide Zugänge führen in eine ebenerdige breite Halle, die sich über die gesamte Tiefe des Baus erstreckt, und von kleineren Zimmern flankiert wurde. In diesen, durch die Nähe zum Wasser eher ungemütlichen Räumen, wurde nicht gewohnt, sie dienten als Lagerräume, Büros und Wirtschaftsräume. Im oberen Stockwerk endete die Treppe direkt in die „Sala", einem großen Saal, der zu repräsentativen Zwecken und Feierlichkeiten genutzt wurde. Die angrenzenden Zimmer waren dann die eigentlichen Wohnräume. Im Dachgeschoss fanden sich die Zimmer der Dienerschaft und oft die Küche. Die Gliederung der Innenräume spiegelt sich auch meist in der Außenfassade, bei der die Mitte, das heißt der Eingang zu der unteren Halle und die Fensterstellungen der Sala durch den berühmten venezianischen Fassadenschmuck betont sind. Den bis zur Gotik üblichen zwei Geschossen wird dann ein drittes hinzugefügt, wobei aber bis zum 16. Jahrhundert darauf geachtet wird, dass eine gleichmäßige Höhe eingehalten wurde. Bestanden die Palazzi im Grunde aus Backsteinmauerwerk, wurden die Fassaden verputzt und bemalt, oder mit Kalkstein und Marmor verkleidet.

Unten:
Der Palazzo Erizzo mit seiner rot-weißen Fassade aus gotischen Stilelementen liegt rechts neben dem Palazzo Marcello, indem laut Legende im 16. Jahrhundert ein Metzger Würste aus Menschenfleisch hergestellt haben soll, wofür er später auf dem Markusplatz enthauptet wurde.

Oben:
Auffallend groß sind die Wandflächen zwischen den Fenstern des Mittelteils und der Seiten beim Palazzo Gritti aus dem 15. Jahrhundert. Wahrscheinlich waren sie einst bemalt.

Unten:
Zwischen 30 und 70 Meter breit, zieht sich der Canal Grande fast vier Kilometer in der Form eines gespiegelten „S“ durch das Herz Venedigs und trägt zu dem unvergleichlichen Zauber der Wasserstadt bei.

Rechts oben:
Das Nobelhotel Bauer Grünwald am Canal Grande im Stadtteil San Marco. Der Eingang auf festem Boden liegt auf dem Campo San Moisè.

Rechts unten:
Ist auf dem Canal Grande das Wasser infolge der vielen Motorboote meist recht bewegt, herrscht auf kleinen Kanälen manchmal so viel Ruhe, dass sich die Häuser im Wasser spiegeln können.

D'ORO

Oben:
Byzantinische Einflüsse sind bei der Architektur Venedigs unverkennbar: Der kleine Palazzo am Canal Grande liegt zwischen dem Palazzo Sagredo und Palazzo Michiel dalle Colonne in der Nähe des Campo Santa Sofia.

Rechts:
Gondelfahrten gehören zum klassischen Venedig-Erlebnis, die Mark Twain an vergangene Romantik erinnern: Die Gondel ist für ihn das „Märchenboot, in dem die fürstlichen Kavaliere der guten alten Zeit die Wasser der mondbeschienenen Kanäle durchpflügten und mit der Beredsamkeit der Liebe in die sanften Augen patrizischer Schönheiten blickten".

Oben:
Die geruhsamste und romantischste, wenn auch nicht billigste Art der Stadtbesichtigung in Venedig. Rund vierhundert der schwarzen Gefährte gibt es heute noch auf den Wasserstraßen, hier auf dem Rio dei Scoacamini im Stadtteil San Marco.

Links:
Übernachten am Canal Grande: In dem kleineren Palazzo neben dem Palazzo Corner della Regina ist ein Hotel untergebracht.

Unten:
Die barocke Fassade der Chiesa San Moisè im morgendlichen Nebel: Die im 9. Jahrhundert dem Moses geweihte Kirche wurde 1632 umgebaut, die Fassade 1668 von Alessandro Tremignon gestaltet.

Rechts oben:
Ruhepause an der Fondamenta Orséolo im Stadtteil San Marco, das abseits des Markusplatzes noch stille Ecken beherbergt.

Rechts Mitte:
Unzählige Brücken überqueren die über 170 Kanäle Venedigs und ermöglichen das Fortkommen zu Fuß hier im Stadtteil San Marco.

Rechts unten:
Jede Ecke Venedigs ist des genaueren Studiums wert: Architekturstudenten an der Ponte delle Colonne, der „Säulenbrücke“.

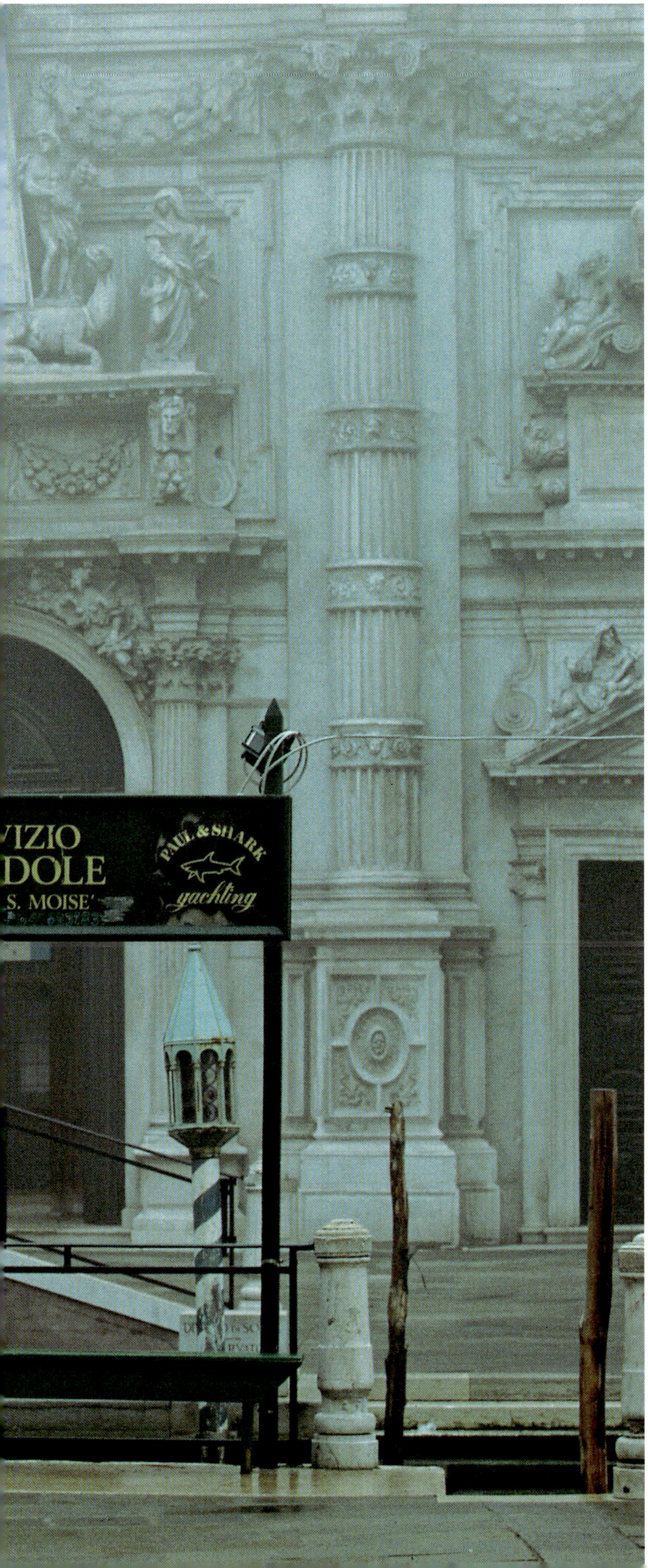

Oben:
Blick vom Campanile am Markusplatz auf das Stadtviertel San Marco. Markant ragt der Wendeltreppenturm des Palazzo Contarini del Bovolo in der Nähe des Campo Manin aus dem rotbraunen Dächermeer.

Rechts:
Spiralförmig dreht sich der Treppenaufgang im Innenhof des Palazzo Contarini del Bovolo, von dem aus man in die Loggia gelangt. Die Scala di Bovolo (bovolo = Spirale oder Schnecke) wurde um 1500 von Giovanni Candi erbaut.

Eine kannelierte Säule markiert eine Häuserecke am Rio della Verona, ganz in der Nähe des 2003 wiedereröffneten Opernhauses „La Fenice".

Das neoklassizistische Opernhaus La Fenice wurde zunächst 1790 bis 1792 für ein 1773 den Flammen zum Opfer gefallenes Haus erbaut und erhielt damals den symbolischen Namen „Phönix" (der aus der Asche wieder aufsteigt). 1836 brannte es erneut ab, wurde aber originalgetreu wieder errichtet. Nach dem letzten Brand 1996 wurde es im Dezember 2003 wieder eröffnet.

Unten:
Abseits der wichtigen Hauptsehenswürdigkeiten ist es eines der größten Vergnügen, sich durch die Gassen, über die Brücken und über die kleinen und größeren Plätze einfach treiben zu lassen und der unvergleichlichen Atmosphäre Venedigs nachzuspüren – hier an der Fondamenta Morosini de la Regina.

Ganz unten:
Speisen umgeben von schönster Architektur: Überall in Venedig warten Cafés und Restaurants darauf, ihre Gäste zu den wärmeren Jahreszeiten unter freiem Himmel zu bewirten – hier auf dem Campiello de la Fenice.

Rechts:
Viele kleine Plätze öffnen sich plötzlich nach engen Gassen im San-Marco-Viertel: Der Campo Santa Maria Formosa ist beliebter abendlicher Treffpunkt.

HOTEL SCANDINAV
CALLE LONGA
S.MARIA
FORMOSA
Segafredo
ZANETTI

Kleine Bilder links:
Gemütliche Restaurants findet man überall in Venedig – in der Nähe des Markusplatzes (oben und unten) oder direkt an der Rialtobrücke (Mitte).

Vor allem kann man die venezianischen Spezialitäten im Freien ohne Straßenlärm genießen – höchstens Motorboote stören die Ruhe.

Unten:
Der schöne Platz Corte del Teatro liegt in unmittelbarer Nähe zum Teatro Goldoni, in dem hauptsächlich natürlich die Komödien von Carlo Goldoni aufgeführt werden.

Seite 102/103:
Der Campo Santo Stefano zu nächtlicher Stunde. Vor dem Palazzo Loredan erinnert ein Denkmal an den Schriftsteller Niccolò Tommaseo.

JURIS & PERI
ART CONSULTANT

Einst existierte in Venedig eine heute kaum vorstellbare Zahl an öffentlichen und privaten Theatern, die der Vergnügungslust des 18. Jahrhunderts Rechnung trugen. Das Teatro Italia liegt im nördlichen Cannaregio-Viertel.

Lebhaft geht es auf der Fondamenta di Cannaregio am großen Canale di Cannaregio zu. Fondamenta heißen die Uferstraßen längs der Kanäle.

Verkaufsstände auf dem Rio Terrà San Leonardo in Cannaregio. Der Name „Rio Terrà“ verweist auf einen einstigen, nun zugeschütteten Kanal.

Am Rio di Santa Fosca im Herzen des Cannaregio-Viertels zeigen bröckelnde Hausfassaden jenen morbiden Charme Venedigs auf, der auch schon immer die Schriftsteller in die Stadt gezogen hat.

SCHWARZER REIS UND MEERESSPINNEN –

VENEZIANISCHE GE

Noch heute vermählen sich die Würdenträger Venedigs jedes Jahr am „Festa della Sensa“ symbolisch mit dem Meer. Auch wenn der Ehepartner nun keine politische Vormachtstellung mehr verschafft, bringt er immer noch fast jeden Tag eine Morgengabe: Das Meer schenkt Venedig einen silbernen Schatz, der dann täglich außer Sonntag und Montag auf der Pescheria, dem traditionsreichen Fischmarkt Venedigs in der Nähe der Rialtobrücke, feilgeboten wird. Hier findet man alle Schmuckstücke der Adria: Mies-, Jakobs- und Venusmuscheln, Krebse, Krabben und Meeresspinnen, Tintenfische mitsamt ihrer Tinte, Sardinen, Doraden und Seeteufel und noch viele Köstlichkeiten mehr.

Oben:
Sardinen auf dem Fischmarkt. Eine Art sie in Venedig zu genießen: „Sarde in saor“, gebratene Sardinen, eingelegt mit Weinessig, Zwiebeln, Pinienkernen und Rosinen.

Mitte:
Auf dem Campo della Pescheria in der Nähe der Rialtobrücke findet auch der Obst- und Gemüsemarkt in direkter Nachbarschaft zum Fischmarkt statt.

Unten:
„Spaghetti alle sepie“: Die Nudeln sind mit der Tinte des gleichnamigen Fisches schwarz eingefärbt. Das Gericht gibt es auch mit Reis.

War es zu Beginn der Lagunenstadt vielleicht wirtschaftliche Notwendigkeit, die Früchte des Meeres zur Nahrungsgrundlage zu machen, die Leidenschaft für Fischgerichte ist geblieben. Von den Antipasti bis zu den Secondi sind Fischgerichte vertreten: Typisch ist zum Beispiel Sarde in saor, gebratene Sardinen, eingelegt in Weinessig mit Zwiebeln, Rosinen und Pinienkernen. Als Primi beliebt ist Risotto nero oder alle sepie, mit der Tinte von Tintenfischen schwarz gefärbter Reis, als Secondi gibt es häufig in Milch gekochtes Stockfischmus, Baccalà mantecato.Dazu kommen die Feldfrüchte der Gemüseinseln, wie Artischocken, Auberginen, Tomaten und Spargel, die direkt in der Nachbarschaft des Fischmarktes an der Rialtobrücke in bunter Vielfalt angeboten werden. Aber auch verschiedenste Fleischgerichte weist die Cucina Veneziana auf, ist doch das einzige Gericht, das offiziell den Namen Venedigs trägt die „Fegato alla veneziana“, mit Zwiebeln und Weißwein zubereitete Kalbsleber, zu der Polenta gereicht wird.

NÜSSE

Links:
Meeresgetier aller Art wird unter dem Dach der Markthalle angeboten. 1907 wurde am Riva dell'Olio das neogotische Gebäude errichtet.

Oben:
Abseits der Restaurants und Osterien kann man in Venedig seinen kleinen Hunger auch mit leckeren Panini und anderem Gebäck stillen.

DIE ERSTE EUROPÄISCHE GABEL

Vom 14. bis zum 16. Jahrhundert sollen die venezianischen Speisen von einem solchen Prunk gewesen sein, dass man in Europa nicht ihresgleichen fand. Das lag unter anderem an der Handelsmacht der Königin der Adria, die auf ihren Märkten zu dieser Zeit mit orientalischen Gewürzen aufwarten konnte. Schon 996 sollen venezianische Schiffe erstmals Zucker mitgebracht haben. Eine Prinzessin aus Byzanz brachte eine neue Tischsitte mit: Theodora, der Gattin des Dogen Domenico Selvo (Regierungszeit 1071–1084), ist es zu verdanken, dass von diesem Zeitpunkt an die feinen Gerichte mit der Gabel zum Mund geführt wurden.

Erst im 17. Jahrhundert wurde der Kaffee aus der islamischen Welt nach Europa eingeführt und ist heute, meist als Caffè Espresso, aus der italienischen Welt nicht mehr wegzudenken. Ob als Morgengetränk, nach dem Essen oder einfach zwischendurch, der Espresso und die Caffè Bars sind ein wichtiger Bestandteil des italienischen Lebens und gehören ebenso zum Genießen in Venedig. Kurz nach dem Auftauchen des schwarzen Pulvers wurden die ersten Kultstätten des Getränks eröffnet. Das Caffè Florian am Markusplatz in Venedig gilt als eines der ersten, gegründet im Jahre 1647. Hier machte Giacomo Casanova seinen Damen Komplimente und der Komödiendichter Carlo Goldoni ließ sich genauso vom bunten Treiben inspirieren wie Honoré de Balzac: *„Das ‚Florian" ist zugleich eine Börse, ein Theaterfoyer, ein Leseraum, ein Club, ein Beichtstuhl."* Im 18. Jahrhundert hatten die Kaffeehäuser ihre Hoch-Zeit und um die Jahrhundertwende gab es am Markusplatz in Venedig allein acht Caffès.

Unten:
Die spätgotische Kirche Santo Stefano an dem gleichnamigen Campo wurde im Jahre 1374 vollendet. Das schlicht gehaltene Innere birgt mehrere Grabmäler und Gemälde von Bedeutung.

Rechts:
Die Sakristei von Santo Stefano birgt Gemälde berühmter venezianischer Meister. Von Tintoretto stammen „Das Abendmahl", die „Fußwaschung" und „Christus auf dem Ölberg".

Links:
Schlicht und dennoch monumental wirkt das Äußere des größten Sakralbaus Venedigs: Santi Giovanni e Paulo oder verkürzt San Zanipolo genannt. Die Backsteinkirche der Dominikaner wurde wohl Ende des 13. Jahrhunderts begonnen, doch bis ins 15. Jahrhundert nicht vollendet. Das Denkmal davor ist dem Condottiere Colleoni, einem der berühmtesten Söldnerführer der Republik, gewidmet.

Unten:
In der Kirche San Zaccaria befindet sich das Gemälde von Giovanni Bellini „Thronende Madonna mit den Heiligen Petrus, Katharina, Lucia und Hieronymus“ von 1505.

Baugrund gab es in Venedig nie im Überfluss, weshalb manche Fassaden der engen Bebauung so hoch aufragen wie hier im Cannaregio-Viertel. Um ein Baufundament zu erhalten, trieben die ersten Siedler bis zu 20 Meter lange Baumstämme dicht nebeneinander in den weichen Schlick der Laguneninseln, abgeschlossen durch zwei waagrechte Schichten aus Stämmen.

Seit 1884 besteht eine Wasserleitung vom Festland her. Bis dahin wurde die Wasserversorgung durch Zisternen gesichert, deren Brunnenköpfe noch überall in der Stadt zu finden sind, wie hier auf einem Platz an der Calle dei Fabbri.

Straßen aus Wasser: Der Rio dei Barcaroli liegt im Herzen des San Marco-Viertels. Jedes Haus Venedigs, das an einem Kanal liegt hat zwei Zugänge. Einen für die Boote und einen auf eine Gasse.

Fassadenschmuck der anderen Art: Da es im beengten Venedig kaum einen Garten gibt, wird die Wäsche vor den Fenstern hoch in den Gassen getrocknet. Auch Bäume wachsen in der Wasserstadt verständlicherweise äußerst wenige. Dafür erobert manche Pflanze die Ziegelsteinfassaden.

Unten:
Häufig weiß-rot oder weiß-blau angemalt sind die Holzpfähle der Gondelanlegestellen, hier am Canale di Cannaregio, der an der Kirche Santa Geremia in den Canal Grande mündet.

Ganz unten:
Abseits der Hauptsehenswürdigkeiten bietet Venedig immer noch malerische Ansichten und schmuckvolle Architekturdetails – so an der Fondamenta dei Mori mit dem Rio della Sensa.

Links:
Typische kleine Brücken überspannen überall in Venedig meist mit einem einzigen Bogen die kleinen und größeren Wasserwege, hier am Campo Santa Maria Nova.

Linke Seite:
Fast freistehend ist die Renaissance-Kirche Santa Maria Formosa auf dem gleichnamigen Platz. Der Legende nach erschien die Muttergottes dem Bischof Magnus in Gestalt einer dickleibigen Matrone und forderte ihn zur Kirchengründung auf: „Formosa“ bedeutet soviel wie „wohlgenährt“.

Alle Plätze wurden zur Gewinnung von Trinkwasser genutzt: eine Zisterne auf dem stimmungsvollen Campo Santa Maria Formosa.

Der weite Campo Santo Stefano geht in den Campo San Vidal über, der bei nächtlicher Beleuchtung solch malerische Motive bietet.

Links oben:
Sonnenschutz an Fassaden des Ghetto Nuovo. 1516 wurden auf Beschluss der venezianischen Regierung die jüdischen Familien auf dem Gelände einer ehemaligen Kanonengießerei (getto = Gussarbeit) kaserniert. So entstand das erste Ghetto der Welt in Venedig.

Links Mitte:
Ghetto Vecchio: Zuerst entstand das Ghetto Nuovo, das Ghetto Vecchio wurde seit 1541 den levantinischen Kaufleuten und den spanischen Inquisitionsflüchtlingen zugewiesen.

Links unten:
Campo di Ghetto Nuovo, das Herz des alten jüdischen Viertels: Venedigs Plätze sind ideal für Kinder, kein Autoverkehr stört die Spiele.

Unten:
Nur noch wenige der circa 500 Juden leben heute noch in dem jüdischen Viertel, dessen Zentrum der fast kreisrund erscheinende Campo di Ghetto Nuovo ist. Das von Wasser umgebene Gebiet war ursprünglich nur über zwei Brücken erreichbar, die nachts durch Tore verschlossen wurden.

SÜDLICH DES CANAL GRANDE – PRÄCHTIGE KIRCHEN UND LEBENDIGE MÄRKTE

Auf der Piazzale Roma des Stadtteils Santa Croce ist Endstation für alle Autos, die vom Festland über die Ponte della Libertà in die Stadt kommen. Von hier aus muss Venedig zu Fuß oder vom Wasser aus erobert werden. Zwischen den Sestieri Santa Croce und San Polo südlich des Canal Grande ist eine scharfe Trennung fast nicht möglich, in beiden Vierteln herrschen enge Gassen unterbrochen von kleinen Plätzen vor, die die Orientierung erschweren.

Zu drei Vierteln vom Canal Grande umschlossen, liegt der Stadtteil San Polo im imaginären Bauch Venedigs. Und hier befindet sich zugleich tatsächlich der „Bauch" mit seinem quirligen Markt im

Zauber der nächtlichen Stunde: Der Blick fällt über die Gondeln hinweg auf die Klosterinsel San Giorgio Maggiore, dem stimmungsvollen Gegenüber des Stadtzentrums um die Piazza San Marco.

Rialtoviertel. Der Fischmarkt, Pescheria, residiert in einer neogotischen Markthalle, die den Schwerpunkt des lebhaften Treibens auf dem Rialtomarkt bildet. Mit venezianischer Geschäftstüchtigkeit und Händlermentalität werden die vielfältigen Schätze des Meeres feilgeboten. Die passende Beilage findet man auf dem benachbarten Gemüsemarkt (Erberia). Alles andere wird bei den Fabbriche Vecchie e Nuove, in denen früher städtische Ämter untergebracht waren, in buntem Durcheinander angeboten. Die alten Uferbezeichnungen weisen auf die lange Tradition des Marktviertels: So gibt es ein Riva del Vin (Weinufer) oder Riva dell'Olio (Ölufer). Wo so viel Handel getrieben wurde, war das Finanzamt nicht weit: Direkt am Knick des Canal Grande liegt der Palazzo dei Camerlenghi aus der Zeit der Renaissance, in dessen Erdgeschoss es Zellen für säumige Zahler gab. Nicht weit entfernt hatte im Mittelalter ein altes Gewerbe seinen Platz, an das der Name der Ponte delle Tette, der Busenbrücke, erinnert.

EIN KURIOSUM AUF DEM GEBIETE DER TOTENVEREHRUNG

Herrschen am Ufer des Canal Grande die repräsentativen Palazzi vor, finden sich im Innern von San Polo eher bescheidenere Gebäude in einem

Oben:
Fast 400 Brücken gibt es in Venedig: die Seufzerbrücke ist ein weltberühmtes Fotomotiv, andere sind schlichte Schönheiten in den bescheideneren Stadtvierteln jenseits des Canal Grande.

Rechts:
Zu der prunkvollen Architektur gehört die passende Inneneinrichtung: ein Antiquitätenladen am Campo San Tomà im Viertel San Polo.

Rechte Seite:
Venedigs Kanäle sind nicht tief und von Zeit zu Zeit werden einzelne Abschnitte abgesperrt und trocken gelegt, damit Schmutz entfernt und Reparaturen an den Fundamenten der Häuser durchgeführt werden können.

wahren Labyrinth aus engen Gassen, schmalen Brücken und kleinen Kanälen, aber auch beschauliche Kirchplätze wie der von San Giacomo dall'Orio oder den Campo San Toma. Monumental ragt aus dem Viertel die Frari-Kirche, genauer die Basilica Santa Maria Gloriosa dei Frari heraus, die schon Mark Twain so beeindruckt hat, dass er ihr einige Absätze in seinem Buch „Die Arglosen im Ausland" widmete:

„Aus einer langen Liste von Kirchen, Kunstgalerien und dergleichen, die wir in Venedig besucht haben, möchte ich nur eine erwähnen: die Kirche Santa Maria dei Frari. Sie ist etwa fünfhundert Jahre alt, glaube ich, und steht auf zwölftausend Pfählen. Unter großartigen Grabmälern beherbergt sie die sterbliche Hülle Casanovas und das Herz Tizians. Dieser starb im Alter von fast hundert Jahren. Damals wütete eine Seuche, die fünfzigtausend Menschenleben dahinraffte. Es ist ein bemerkenswerter Beweis der Verehrung, die der große Maler genoss, dass der Staat in dieser Zeit des Grauens und Sterbens nur für ihn allein ein öffentliches Begräbnis gestattete. (...) Das Grabmal des Dogen Giovanni Pesaro in dieser Kirche ist ein Kuriosum auf dem Gebiete der Totenverehrung. Es ist 24 Meter hoch und wirkt von vorn wie ein phantastischer heidnischer Tempel. Davor stehen vier kolossale Nubier, schwarz wie die Nacht, in weiße Marmorgewänder gekleidet."

Weiterer Höhepunkt des Viertels ist die Scuola Grande di San Rocco, das Versammlungshaus der Bruderschaft des Heiligen Rochus, das der berühmte venezianische Meister Tintoretto in den Jahren 1564 bis 1587 ausgestaltete. Volkstümliches Herzstück ist der große Campo San Polo, auf dem früher sogar Stierkämpfe stattfanden.

DER HARTE RÜCKEN VENEDIGS

Dorsoduro (harter Rücken – wegen des festeren Untergrunds) ist der südlichste Stadtteil Venedigs, zu dem auch die vorgelagerte Insel Giudecca gehört, während die Klosterinsel San Giorgio Maggiore, trotz ihrer Lage direkt daneben, dem Viertel San Marco zugeschlagen wird. Die beiden wichtigsten Kunstgalerien Venedigs sind im Dorsoduro beheimatet: In der Gallerie dell'Accademia sind die Werke der berühmten venezianischen Malerei ausgestellt, während die Collezione Peggy Guggenheim moderne Kunst von Picasso bis Max Ernst zeigt. Eine goldene Weltkugel markiert die Ostspitze des Viertels, hier wurde im 17. Jahrhundert das Seezollamt Dogana da Mar errichtet. Nur wenig entfernt richtet die monumentale Barockkirche Santa Maria della Salute von Baldassare Longhena ihre Fassade auf den Canal Grande aus. Handwerkskunst kann man am Rio di San Trovaso bewundern: Dort befindet sich eine der wenigen übrig gebliebenen Gondelwerften, der Squero di San Trovaso. Die Fondamenta Zattere hat ihren Namen von Flößen, die früher Bauholz an der südlichen Uferpromenade anlandeten. Heute flaniert man an kleinen Kneipen und Cafés mit ihren Sonnenterrassen vorbei.

Der Canale della Giudecca trennt die gleichnamige Insel von dem Stadtteil Dorsoduro, das Markusbecken die Insel San Giorgio Maggiore von San Marco. Beide waren ehemalige Klosterinseln und der geniale Baumeister Andrea Palladio errichtete im 16. Jahrhundert dort seine zwei wichtigsten Kirchenbauten in Venedig: die Chiesa San Giorgio Maggiore und die Basilica del Redentore.

Rechts:
Güterumschlagplatz am Fischmarkt in Venedig. Da es in Venedig keine Autos gibt, die direkt bis an den Markt fahren, muss viel durch Muskelkraft erledigt werden.

Unten:
Gemüsemarkt und Pescheria, der Fischmarkt, in der Nähe der Rialtobrücke im Viertel San Polo. Domenico Rupolo und Cesare Laurenti errichteten 1907 die neogotische Markthalle, in der das Meeresgetier angeboten wird.

Links:
Die Ware für den Fisch- und Gemüsemarkt wird per Boot angeliefert. Die Anlegestellen heißen hier bezeichnenderweise Riva dell'Olio (Ölufer) oder Riva del Vin (Weinufer).

Die Früchte des Meeres: Auf dem Campo della Pescheria findet der Fischmarkt Venedigs schon seit etwa 1000 Jahren statt. Von kleinen Sardinen über Tintenfische bis zu großen Schwertfischen wird die bunte Vielfalt der Fische und Schalentiere angeboten. Der Campo ist einer der wenigen Plätze, an denen man direkt an dem Canal Grande entlang gehen kann.

Spargel, Artischocken, Tomaten, Früchte – die Auswahl ist groß auf Venedigs Gemüsemarkt, der Erberia, direkt neben der Pescheria. Das Gemüse kommt zum Teil von den Laguneninseln, zum Beispiel von Sant'Erasmo, auf der schon seit Jahrhunderten Gemüse für die Stadt angebaut wird.

Oben:
Fortuna auf einer goldenen Weltkugel gehalten von zwei knienden Atlanten, grüßt auf dem Turm der Dogana da Mar, des Zollamtes, an der Spitze des Viertels Dorsoduro. Giovanni Bernoni erbaute die Zollstation zwischen 1676 und 1682.

Rechts:
An einen griechischen Tempel erinnert die Fassade der Kirche Santa Maria del Rosario an der Fondamenta Zattere dei Gesuati. Giorgio Massari errichtete die Kirche 1726 bis 1736 für die Dominikaner.

Oben:
Gewaltig erhebt sich die Kuppel der Barockkirche Santa Maria della Salute über die Dächer des Dorsoduro-Viertels. Die Erlösung von der Pestepidemie im Jahre 1630, die allein in Venedig 40 000 Todesopfer forderte, war der Anlass für den Bau.

Links:
Die Scuola Grande di San Rocco war das Versammlungsgebäude der Laienbruderschaft des Heiligen Rochus. Bekannt ist das Gebäude hauptsächlich wegen seiner Innendekoration, die das Bruderschaftsmitglied Tintoretto schuf.

Unten:
Auch die Polizia kommt in Venedig mit dem Boot. Im Hintergrund liegt eine der letzten Gondelwerften Venedigs am Rio di San Trovaso. Das Holzhaus in alpinem Stil wurde im 17. Jahrhundert errichtet.

Rechts oben:
Stiller Kanal in der Nähe des Campo San Barnaba im Viertel Dorsoduro. Hier findet man weniger Palazzi, dafür zahlreiche andere schöne Ecken.

Rechts Mitte:
Ruhende Gondel am Rio di San Tomà vor einer typischen Brücke Venedigs, die in einem einzigen eleganten Bogen den Kanal überspannt.

Rechts unten:
Nicht selten wird es eng auf den Kanälen des Dorsoduro in der Nähe der Kirche San Barnaba.

VENEZIANISCHES VERKEHRSMITTEL – DIE GONDEL

„Man sagt, dass es von solchen Gondeln ihrer zehntausend in der Stadt gebe, wovon sechstausend in privaten Besitz im Dienste edler Herren und anderer sind und viertausend gewerblichen Leuten gehören, die ihren Unterhalt aus dem Rudergeschäft beziehen."

So Thomas Coryate in seiner „Beschreibung von Venedig 1608". Heute existieren nur noch knapp 400 Gondeln, die letzte Privatgondel nutzte die Kunstmäzenin Peggy Guggenheim bis 1980. Auch dienen die allermeisten der schwarzen Boote nicht mehr der zweckgerichteten Fortbewegung, sondern werden von den Besuchern der Stadt für das einzigartige Erlebnis einer romantischen Fahrt durch die Kanäle, möglichst noch mit dem Gesang eines Gondolieri, gebucht. Einzige Ausnahme bilden die „traghetti", Gondelfähren, die zur Ergänzung der drei Fußgängerbrücken bis zu an die zwölf stehende Personen auf sechs Linien über den Canal Grande setzen. Trotzdem ist die schwarze Gondel eines der wichtigsten Wahrzeichen Venedigs geblieben.

Schwarz ist sie aber erst seit 1562. Damals schränkte der Doge Girolamo Priuli die Prunksucht der Venezianer ein, indem er statt phantasievoll bunt geschmückter Boote, die Einheitsfarbe gebot. Ein Kunstwerk ist jede einzelne der bereits seit dem 7. Jahrhundert existierenden Gondeln trotzdem: Aus 280 Einzelteilen in acht verschiedenen Holzsorten wird das knapp elf Meter lange und knapp 1,50 Meter breite, asymmetrische Gefährt gebaut. Die linke Seite ist 24 Zentimeter breiter, denn immer auf die rechte Seite geneigt, kommt das Gegengewicht von dem Gondolieri, der mit einem einzigen, vier Meter langen Ruder zugleich steuert und die Gondel vorwärts bewegt.

Oben:
Aus über 250 verschiedenen Holzteilen und acht Holzarten setzt sich eine Gondel zusammen, für den Boden wird zum Beispiel Tannenholz genommen, das sich im Wasser ausdehnt.

Mitte:
Nachdem die Gondeln nach einer Verordnung aus dem Jahre 1562 nur noch Schwarz tragen dürfen, setzen zumindest die Schutzabdeckungen Farbakzente.

Unten:
Der Squero (Gondelwerft) von San Trovaso: In den zum Wasser hin offenen Baracken werden weniger neue Gondeln gebaut als hauptsächlich Reparaturen ausgeführt.

KUNSTVOLLES HOLZSTÜCK

Ermöglicht wird diese Art der Fortbewegung und Steuerung durch die „forcola", die mehr ist als eine Dolle, auf der das Ruder aufliegt. Es gibt allein rund 20 venezianische Dollentypen. Zudem wird jedes circa 50 bis 60 Zentimeter hohe Stück als Einzelstück in Maßarbeit gefertigt. Die Forcola muss zur Statur des Gondolieri passen, zu seiner Technik des Ruderns und zu der Beschaffenheit des hauptsächlich genutzten Rudergebietes: So wird in den engen Kanälen das Ruder sehr steil geführt, auf dem bewegten Wasser vor San Marco, ist die Ruderbewegung wieder eine ganz andere.

Acht verschiedene Aufstützpunkte für ein Ruder ermöglicht eine handgearbeitete Forcola aus Nuss-, Kirsch-, oder Birnenholz. Geschmückt wird die schwarze Gondel von dem am Bug sitzenden „ferro", dessen sechs Zacken die Stadtteile symbolisieren.

Schon immer bewegten die Gondeln die Phantasie der Schriftsteller: So gemahnten sie Thomas Mann an Tod und Vergänglichkeit in seiner berühmten Novelle „Tod in Venedig":

„Das seltsame Fahrzeug aus balladesken Zeiten ganz unverändert überkommen und so eigentümlich schwarz, wie es sonst unter allen Dingen nur Särge sind – es erinnert an lautlose und verbrecherische Abenteuer in plätschernder Nacht, es erinnert noch mehr an den Tod selbst, an Bahre und düsteres Begängnis und letzte schweigsame Fahrt."

Und auch Mark Twain besteigt bei seiner Ankunft einen „Leichenwagen":

„Zumindest glich es mehr einem Leichenwagen als etwas anderem, obwohl es, wenigstens auf dem Papier, eine Gondel war."

Während Goethe sie in seinem 6. Venezianischen Epigramm sowohl der Wiege als auch dem Sarge gleichsetzt:

„Diese Gondel vergleich' ich der sanft schaukelnden Wiege,
Und das Kästchen darauf scheint ein geräumiger Sarg.
Recht so! Zwischen der Wieg' und dem Sarg
wir schwanken und schweben
Auf dem Großen Kanal sorglos durchs Leben dahin."

Oben links:
Die Kunst, eine Gondel zu rudern, ist anstrengend: Ruhepause für einen Gondoliere.

Oben:
„Es genügt, dass meine langgehegten Träume von Venedig für immer dahin sind, was die romantische Gondel und den prächtigen Gondoliere angeht; (...) noch ein Quiekser, und du gehst über Bord." Mark Twain konnte dem Gesang der Gondoliere wenig abgewinnen.

Ein Säulenportikus führt in die Kuppelkirche San Simeone Piccolo am Ufer des Canal Grande im Stadtteil Santa Croce. Der Architekt Giovanni Scalfurotto lehnte sich an das Vorbild des Pantheons in Rom an.

Der blaue Himmel spiegelt sich in dem ruhigen Wasser des Rio dei Frari an der Stirnseite des Campo dei Frari im Stadtteil San Polo.

Die monumentale Basilica Santa Maria Gloriosa dei Frari gehört zu den größten Gotteshäusern Venedigs und ihr Glockenturm ist nach dem Campanile der zweithöchste der Stadt. 1469 vollendeten die Franziskaner den gotischen Ziegelsteinbau.

Blick aus dem dunklen Langhaus auf den durchlichteten Chor der Frari-Kirche. Zahlreiche Grabmäler machen das Innere der Kirche interessant. Unter anderem hat hier Tizian seine letzte Ruhestätte gefunden.

Seite 134/135:
Zauberhafte Morgenstimmung über der Klosterinsel San Giorgio Maggiore und der Kuppelkirche Santa Maria della Salute des Stadtviertels Dorsoduro.

DIE LAGUNE – FLACHES LAND IM WEITEN WASSER

Die Wasserstadt Venedig ist in ihrer Lage einzigartig und genauso einzigartig ist ihre Umgebung, die „laguna veneta". Die Lagune umfasst mehr als 58 000 Hektar Wasserlandschaft, die entstanden ist durch das Geröll und den Sand, den die an der nordwestlichen Adria mündenden Flüsse Brenta, Sile und Piave im Meer zu Sandbänken (littorali) angeschwemmt haben. Nur drei Durchgänge ermöglichen die Fahrt auf das offene Meer: der Porto di Lido, der Porto di Malamocco und der Porto di Chioggia. Das weit gehend seichte Lagunengewässer mit seinen sich ständig verändernden Untiefen ist nur dort mit Schiffen befahrbar, wo tiefe Kanäle angelegt wurden. Zum Teil handelt es sich dabei um alte Flussläufe. Die Wasserstra-

Statt Bus und Bahn:
Die Vaporetti und Motoscafi binden die Inseln der Lagune an Venedig und das Festland an, hier zwischen Venedig und Murano, der Insel der Glasbläser.

ßen werden durch zahlreiche Navigationspfähle (palafitti) für die Schifffahrt gekennzeichnet.

Die mehr als dreißig größeren und kleinen, dabei sehr flachen „isole" in der Lagune ermöglichten dem alten strahlenden Venedig, alles aus dem Zentrum zu verbannen, was den Glanz und die Herrlichkeit der Stadt stören konnte. So bekamen die Öfen der Glasbläser einen für Venedig feuersicheren Standort auf Murano, Kranke wurden nach Lazzaretto Vecchio oder Nuovo verbannt und sogar der Tod bekam eine eigene Insel: San Michele.

Nicht weit im Norden Venedigs liegt die Friedhofsinsel San Michele mit ihren dunkelgrünen Zypressen und der rot-weißen Ziegelsteinummauerung. Sie wurde erst 1870 zum Cimitero urbano (Stadtfriedhof), zuvor begruben die Venezianer ihre Toten in den Gärten der Kirchen der Stadt. Doch die ewige Ruhe wird den Toten hier nicht gegeben. Aus Platzmangel werden die Gebeine nach zwanzig Jahren wieder ausgegraben und auf das Festland umgebettet. Bleiben dürfen nur die Toten der berühmten venezianischen Familien, sowie einige ausländische Prominente wie Ezra Pound, Igor Strawinski und Joseph Brodsky.

Die Insel der Glasbläser ist Murano, eigentlich eine Stadt auf neun miteinander verbundenen Laguneninseln. Bereits seit 928 wird in Venedig

Oben:
Murano, die Glasinsel, liegt auf neun Laguneninselchen und erinnert mit ihrem Hauptkanal und den daran anschließenden kleinen Seitenkanälen an das Stadtzentrum Venedigs.

Links:
Güterverkehr auf den Wassern der Lagune. Entstanden ist diese einzigartige Wasserwelt aus den Kräften des Meeres und der Flüsse aus dem Hinterland. Die Anschwemmungen der Flüsse wurden von den Gezeiten wieder zurückgedrückt, so dass die vorgelagerten Sandbänke entstanden.

Glas geblasen, seit dem 13. Jahrhundert das berühmte bunte und klar schimmernde venezianische Glas. Ab 1255 organisierten sich die Glasbläser in einer eigenen Zunft und Ende des Jahrhunderts wurden sie nach Murano ausgesiedelt, um die Brandgefahr der Schmelzöfen zu bannen. Im 16. Jahrhundert begann der Siegeszug des venezianischen Produkts. Die Glasbläser besaßen besondere Privilegien, aber es drohten auch Strafen für denjenigen, der das Geheimnis des Kristallglasmachens verriet. Die Glasbläserei ist der einzige Produktionszweig, der sich aus der alten, glanzvollen Zeit der Republik erhalten hat und so funkeln noch heute die vielfarbigen Glasprodukte auf der Insel.

Die Insel der Fischer ist Burano, schon von weitem sichtbar durch die wilden Farben, in denen die Häuser gestrichen sind. Keine Fassade gleicht der anderen, Farbtöne von Rosarot bis Lindgrün, tiefem Dunkelrot bis Hellgelb konkurrieren unter dem schiefen Turm der Chiesa San Martino. Berühmt war die Insel für ihre Spitzenstickerei, die laut Legende von den Sirenen kommen soll: Ein Kapitän, der seine Geliebte auf Burano zurückgelassen hatte, widerstand den Gesängen der

Sirenen, worauf diese eine Schaumkrone aus dem Meer auftauchen ließen, die sich in seinen Händen zum Hochzeitsschleier für seine Angebetete verwandelte.

Torcello gilt als Vorgängersiedlung von Venedig und war im 12. Jahrhundert eine Bischofsstadt mit über 20 000 Einwohnern. Warum die Stadt verschwand und heute nur noch zwei romanisch-byzantinische Kirchen und eine Handvoll Häuser zu sehen sind, bleibt ein Geheimnis der Geschichte.

Sant'Erasmo ist die größte der nördlichen Laguneninseln und der Gemüsegarten Venedigs. Hier werden Artischocken, Spargel, Auberginen und Tomaten für den Rialtomarkt gezogen. Ebenfalls eine landwirtschaftlich genutzte Insel ist die Isola delle Vignole, auf der schon immer das Militär zu Hause war: Das Forte di Sant'Andrea wurde 1543 auf der Nachbarinsel zu Sant'Erasmo erbaut. Im Südwesten von Sant'Erasmo liegt die Insel Lazzaretto Nuovo, deren Name schon auf die Funktion als Krankeninsel, besonders im 15. Jahrhundert, hinweist. San Francesco del Deserto ist seit dem 13. Jahrhundert eine Klosterinsel der Franziskaner. Laut Legende hat der Heilige Franz von Assisi höchstselbst im Jahre 1220 hier eine Einsiedelei gegründet.

BADEVERGNÜGEN UND INSELN DES SCHMERZES

Als schützender Riegel liegt die extrem lang gezogene (zwölf mal einen Kilometer) Nehrungsinsel Lido di Venezia vor der Stadt. Hauptattraktion ist hier der Sandstrand, der seit dem Ende des 19. Jahrhunderts Besucher anzieht. In dem altehrwürdigen Hotel des Bains verbrachte Thomas Mann mehrere Urlaube, die ihn zu seiner weltberühmten Novelle „Tod in Venedig" inspirierten. Nicht weit entfernt vom Lido liegt die Klosterinsel San Lazzaro degli Armeni, auf der seit dreihundert Jahren armenische Mönche des Ordens der Mechitaristen leben. Der Gründer des Ordens, Mechitar von Sebaste, war mit seinen Anhängern aus dem Stammkloster am Peloponnes vertrieben worden und bekam 1717 die dem heiligen Lazarus geweihte Insel von Venedig geschenkt.

Von der Form her ist die Insel Pellestrina, zwischen den beiden südlichen Lagunenöffnungen Porto di Malamocco und Porto di Chioggia, dem Lido ähnlich. Der lange Sandstrand der Fischerinsel wird von den Murazzi gesäumt, einer Deichanlage, die im 18. Jahrhundert aus massiven Steinquadern errichtet wurde.

Die verstreuten kleinen Inselchen zwischen La Giudecca und dem Lido wurden schon zu früherer Zeit L'isole del dolore genannt, da auf ihnen die Kranken, Aussätzigen und Geistesverwirrten untergebracht wurden. Erst 1992 wurde die letzte psychiatrische Klinik auf der Insel San Clemente aufgegeben. Die Schmerzensinseln beherbergten Quarantänestationen für Leprakranke, Pestkranke wurden auf der Isola del Lazzaretto Vecchio isoliert. Alles, was den Glanz des Zentrums trüben konnte, wurde aus Venedig verbannt.

Unten:
Burano, nordöstlich von Venedig gelegen, ist die Heimat der Spitzenstickerei. Seit dem 15. Jahrhundert wurde in Venedig und auf den kleineren Inseln Spitze hergestellt.

Links:
Seit dem Mittelalter haben die Glasbläser ihre Heimat auf der Laguneninsel Murano. Bis ins 18. Jahrhundert beherrschten sie den europäischen Markt und sind noch heute äußerst erfolgreich.

Seite 140/141:
Jedes Haus in einer anderen Farbe: die Fischerinsel Burano zeigt sich fröhlich bunt in Fassaden und Booten. In zahlreichen kleinen Lädchen wird Spitzenstickerei angeboten.

MERLETTI D'ARTE
MARTINA

Links:
Als Burano sich im 16. Jahrhundert zum Zentrum der Spitzenproduktion entwickelte, erlebte die Insel bis zum Ende des 18. Jahrhunderts eine Zeit des Wohlstands.

Unten:
Die Anlegestelle von Burano: Nach ungefähr 40 Minuten Motoscafi-Fahrt über die nördliche Lagune kommt man auf der kleinen Insel an.

Ganz unten:
Auf Burano gehen Fischer noch immer ihrer Arbeit nach. Hauptsächlich Aale und Meerbarben bleiben in der warmen Jahreszeit in der Lagune.

Oben:
Fast menschenleer erscheint die Insel Torcello, der Vorgängerin der Stadt Venedig. Im 12. Jahrhundert sollen hier 20 000 Menschen gelebt haben, heute sind es nur noch ein paar Dutzend. Geblieben ist von der einstigen Größe nur das religiöse Zentrum mit den beiden romanisch-byzantinischen Kirchen.

Rechts:
Die Kuppelkirche Santa Fosca stammt aus dem 11. Jahrhundert. Im Inneren betont die Schlichtheit der Ausstattung die harmonische Raumaufteilung.

Links:
Anfang des 11. Jahrhunderts wurde die Basilica Santa Maria Assunta auf Torcello errichtet und erzählt noch heute von der einstigen Bedeutung der Insel. Das Innere ist mit byzantinischen Goldmosaiken geschmückt, die denen der Markusbasilika vergleichbar sind.

Unten:
Ausgeglichenheit der Formen: Die Kirche Santa Fosca aus dem 11. Jahrhundert ist von einem Arkadengang des 12. Jahrhunderts mit zierlich schlanken Säulen umgeben.

LIEBE UND TOD IN VENEDIG – DIE STADT IN DER LIT

Mitte:
In dem berühmten Hotel des Bains ließ Thomas Mann seine Novellen-Figur Gustav von Aschenbach logieren und sterben.

Unten:
Legendärer Venezianer: Als Meister der Liebeskunst und der frivol-kultivierten Lebensart wurde Giacomo Girolamo Casanova berühmt.

Als faszinierende Stadt auf dem Wasser mit einzigartigen Bauwerken, die in ihren Baustilen oft den Orient mit dem Okzident verbinden, hat Venedig schon immer die Phantasie zahlreicher Schriftsteller angeregt. Noch zu Hoch-Zeiten der Serenissima, im 14. Jahrhundert, lebte hier einer der großen alten italienischen Dichter, Francesco Petrarca (1304–1374), ab 1362 an der Riva degli Schiavoni, der die Stadt mit den Worten lobte: *„Die höchst erhabene Stadt der Veneter ist heute der einzige Hort der Freiheit, des Friedens und der Gerechtigkeit ...“.*

Vielleicht der berühmteste Sohn der Stadt, Giacomo Girolamo Casanova (1725–1798), schrieb in seinem Lebensbericht über die Kunst der Verführung in der schönen Kulisse Venedigs. Aber auch ein weniger schönes Erlebnis Casanovas ist durch seine Memoiren berühmt geworden: 1755 in Venedig wegen Atheismus eingekerkert, gelang ihm 1756 die abenteuerliche Flucht aus den Bleikammern des Dogenpalastes. Im gleichen Jahrhundert schrieb Carlo Goldoni (1707–1793) als Erneuerer der italienischen Komödie seine berühmten Commedia dell'Arte Stücke wie „Diener zweier Herren“ oder „Die neugierigen Frauen“.

Venedig ist Thema unzähliger reisender Autoren: Allen voran bedichtet Johann Wolfgang von Goethe in seinen Venezianischen Epigrammen neben der Gondel die Liebe, ein bereits von Casanova vorgegebenes Thema:

„Wonniglich ist's, die Geliebte verlangend im Arme zu halten,
Wenn ihr klopfendes Herz Liebe zuerst dir gesteht.
Wonniglicher, das Pochen des Neulebendigen fühlen,
Das in dem lieblichen Schoß immer sich nährend bewegt.“

Ansonsten notiert er jedoch auf seiner Italienischen Reise: *„Von Venedig ist schon viel erzählt und gedruckt, dass ich mit der Beschreibung nicht umständlich sein will.“* Neben seinem Favoriten Rom, in dem er die klassische Antike für sich entdeckt, fällt sein Urteil über Venedig eher enttäuschend aus: „verhältnismäßig aber kann alles enge genannt werden.“ Die Dichter der Romantik sehen dann schon den

ERATUR

Oben:
Am Strand der Laguneninsel Lido beobachtete Gustav von Aschenbach den Knaben Tadzio, auch er eine Charonsgestalt, die den Tod der Hauptfigur ankündigt.

Links:
Am 28. September 1786 kam Johann Wolfgang von Goethe auf seiner „Italienischen Reise" nach Venedig, in „diese wunderbare Inselstadt".

Niedergang der einstigen Königin der Adria und berichten von Liebe und Tod in der langsam verfallenden Stadt wie die Erzählung E.T.A. Hoffmanns „Doge und Dogaressa".

DIE FASZINATION DES VERFALLS

Geniale Kulisse für die bekannteste dort spielende Geschichte ist die Serenissima in der Novelle „Tod in Venedig" von Thomas Mann. Der alternde Künstler Gustav Aschenbach reist von München an den Lido, in das berühmte Hotel de Bains, wo er sich in den jungen Tadzio verliebt. Doch eine morbide Stimmung und „eine widerliche Schwüle lag in den Gassen", die sich dann als konkrete Gefahr der Cholera erweisen. Trotzdem bleibt Aschenbach wegen seiner Leidenschaft zu dem Jungen und stirbt schließlich an der Seuche. Der beschriebene verfallende Zustand Venedigs ist hier Sinnbild für das, was mit Gustav Aschenbach geschieht.

Andere erliegen ebenfalls dem Mythos der Stadt: Sie ist zum Beispiel Schauplatz von Alfred Andersch Roman „Die Rote", in dem die Hauptperson Franziska aus ihrer gewohnten Existenz vor ihrem Ehemann und Geliebten nach Venedig flieht und dort verschiedenen Personen und ihren Geschichten begegnet. Wolfgang Koeppen beantwortet in dem schmalen Bändchen „Ich bin gern in Venedig warum" die gestellte Frage. Ungewöhnlichen Erfolg haben die Kriminalromane der in Venedig lebenden Amerikanerin Donna Leon, die sich um die sympathische Figur des Commissario Brunetti mitsamt seiner Familie drehen.

Unten:
Blick auf den Lido, der lang gestreckten Nehrungsinsel vor Venedig. Hier brachte der Bau des Luxushotels Des Bains in den siebziger Jahren des 19. Jahrhunderts die Entwicklung der Badekultur in Schwung, die Anfang des 20. Jahrhunderts ihren Höhepunkt erlebte.

Rechts oben:
Die Stellen ohne Sonnenschirme und Liegestühle sind in der Minderzahl an dem 12 Kilometer langen Sandstrand des Lido.

Rechts Mitte:
In Reih und Glied stehen die Strandkabinen und Sonnenschirme in den vornehmeren und teureren Abschnitten des Strandes auf dem Lido.

Rechts unten:
Noch hat die Saison nicht begonnen: Fast die Hälfte des Lido di Venezia besteht aus flachen, feinen Sandstränden.

Oben:
Gefährlich heiß ist Glas in flüssiger Form. Aufgrund der Brandgefahr verbannte die Republik Venedig die Hochöfen im 13. Jahrhundert auf die Inseln von Murano.

Rechts:
Auch wenn Venedig in der Neuzeit Konkurrenz in Sachen Glasherstellung bekam, findet sich heute noch hochwertige venezianische Glaskunst.

Oben:
Rund 100 kleine und große Glashütten auf Murano produzieren Gegenstände zwischen Kunst und Kitsch nicht nur für die Verkaufstellen auf den Inseln.

Links:
Filigrane Schwerstarbeit: einerseits ist Glas ein leicht zerstörbarer Werkstoff, andererseits fordert die Hitze der Hochöfen große Belastbarkeit.

Links oben:
Unweit der Kirche San Nicolò auf dem Lido liegt der jüdische Friedhof Venedigs. Seit dem 14. Jahrhundert werden hier die Toten bestattet.

Links Mitte:
Schwarze Zypressen über dem Rot der Friedhofsmauer. Die Isola San Michele dient seit Anfang des 19. Jahrhunderts als Friedhofsinsel.

Links unten:
Zahlreiche Sträuße zeugen vom Gedenken an die Toten. Besonders Allerheiligen gleichen die Grabfelder einem Blumenmeer.

Unten:
Die Kirche San Michele auf der Friedhofsinsel wendet ihre weiße Fassade aus istrischem Kalkstein der Lagune zu. Sie wurde im Stil der Renaissance 1469 bis 1478 von Mauro Coducci errichtet.

REGISTER

Canale delle Navi
S. Michele
Cimitero S. Michele
ISOLA DI S. MICHELE
Canale delle Fondamenta Nuove
S. Alvise
SECCHIERE
Madonna dell'Orto
Pal. Minelli
Pal. Mastelli
Pal. Contarini d. Zaffo
Sacca d. Misericordia
S. Giobbe
Tempio Israelitico
Museo Ebraico
CANNAREGIO
Rio Tera S. Leonardo
Ex Conv. S. Maria d. Servi
S. Maria d. Valverde
Pal. Lezze
S. Maria Assunta/ Gesuiti
Pal. Labia
Pal. Zeno
S. Marcuola
Pal. Vendramin Calergi
S. Caterina
Pal. Zen
S. Geremia
Pal. Giovanelli
Pal. Soranzo
Pal. Barbarigo
Pal. Calbo Crotta
Canal Grande
Pal. Marcello-Toderini
Fond. d. Turchi
Ca'Pesaro/ Gall. d'Arte Moderna
Pal. Boldù
Stazione Ferroviaria S. Lucia
Fond. S. Lucia
S. Simeon Piccolo
Gall. Franchetti
Ca'd'Oro
S. Lazzaro ai Mendicanti
S. Giacomo dell'Orio
Casa Favretto
SS. Apostoli
Pal. Quirini
Pal. M. d. Colonne
Pal. Soranzo-Capello
S. Cassiano
Ca'da Mosto
SS. Giovanni e Paolo
Campo SS. Giovanni e Paolo
S. Maria d. Pianto
Fabbriche Vecchie
Teatro Malibran
Ospedaletto
S. Andrea
Piazzale Roma
Giardino Papadopoli
S. Nicolò d. Tolentino
S. POLO
Pal. d. Dieci Savi
Fond. d. Tedeschi
S. Francesco d. Vigna
Ponte d. Rialto
CROCE
Campo S. Polo
S. Silvestro
Campo S. Maria Formosa
S. Giustina
Chiesa S. M. Glorioso d. Frari
S. Polo
Pal. Dolfin Manin
Pal. Grimani
Ca' di C. Goldoni
Pal. Bembo
S. Salvador
S. Lorenzo
Scuola Grande d. S. Rocco
Pal. Pisani Moretta
Pal. Farsetti
S. Maria Formosa
Scuola d. S. Giorgio d. Schiavoni
Darsena Grande
S. Pantalon
Pal. Grimani
S. Maria Maggiore
Pal. Corner Spinelli
Cinema Rossini
S. Giovanni Novo
Museo dell'Ist. Ellénico
ISOLA DI S. PIETRO
Pal. Balbi
Museo Fortuny
Pal. Contarini d. Bovolo
Arsenale
Ca' Foscari
Basilica di S. Marco
S. Zaccaria
Pal. Foscarini
Campo S. Margherita
Pal. Mocenigo
Campo S. Angelo
Proc. Vecchie
Piazza S. Marco
S. Pietro di Castello
S. Maria d. Carmini
Ca' Rezzonico
Pal. Grassi
S. Stefano
S. Fantin
Pal. Prigioni
S. Maria d. Pietà
Riva d. Schiavoni
Nicolò Mendicoli
Pal. Loredan
Pal. Malipiero
Museo C. Correr
Museo Archeologico
Molo
Pal. Ducale
Riva d. Ca' di Dio
S. Angelo Raffaele
Pal. Contarini d. Scrigni
Ca'd. Duca
S. Maria d. Giglio
Museo Storico Navale
S. Francesco di Paola
Pal. Pisani
S. Biagio
Chiesa Ognissanti
Galleria d. Accademia
Pal. Barbaro
Pal. Contarini
Pal. Giustinian
Canale di San Marco
Riva d. Sette Martiri
CASTELLO
S. Trovaso
Pal. Contarini dal Zaffo
Pal. Dario
Canal Grande
Dogana da Mar
Fond. Zattere P. Lungo
Coll. Peggy Guggenheim
Basilica d. S. Maria d. Salute
S. Giuseppe di Castello
S. Agnese
Canale della Giudecca
S. Maria d. Rosario d. Gesuiti
DORSODURO
Campo S. Giorgio
S. Giorgio Maggiore
Biennale Internazionale d'Arte
ISOLA DI S. GIORGIO MAGGIORE
Fond. S. Biagio
S. Eufemia
Fond. di P. Piccolo
Zitelle
Canale della Grazia
Teatro Verde
ISOLA D S. ELENA
Fond. del Pte Lungo
Fond. della Croce
S. Cosmo
Fond. S. Giacomo
Parco delle Rimembranze
Chiesa d. Redentore
ISOLA DELLA GIUDECCA

IMPRESSUM

Buchgestaltung
SILBERWALD®
Agentur für visuelle Kommunikation, Würzburg
www.silberwald.biz

Karte
Fischer Kartografie, Aichach

Printed in Germany
Repro: Artilitho snc, Lavis-Trento, Italien
www.artilitho.com
Druck/Verarbeitung: Offizin Andersen Nexö, Leipzig

ISBN 978-3-8003-4409-3

Weitere Informationen finden Sie unter:
www.verlagshaus.com

Bildnachweis:
Alle Bilder von Max Galli mit Ausnahme folgender von:
Tina und Horst Herzig: Schutzumschlag vorne, Schutzumschlag hinten, S. 5, S. 12/13, S. 14/15, S. 16/17, S. 28/29, S. 32, S. 48/49, S. 56, S. 58/59, S. 65 oben, S. 64/65 unten, S. 72/73, S. 74, S. 75, S. 76/77, S. 90, S. 91 oben, S. 98/99 (3 Abb.), S. 102/103, S. 106/107 Mitte, S. 107 oben, S. 112/113 (3 Abb.), S. 115 unten, S. 117, S. 118/119, S. 134/135, S. 142, S. 147 oben.

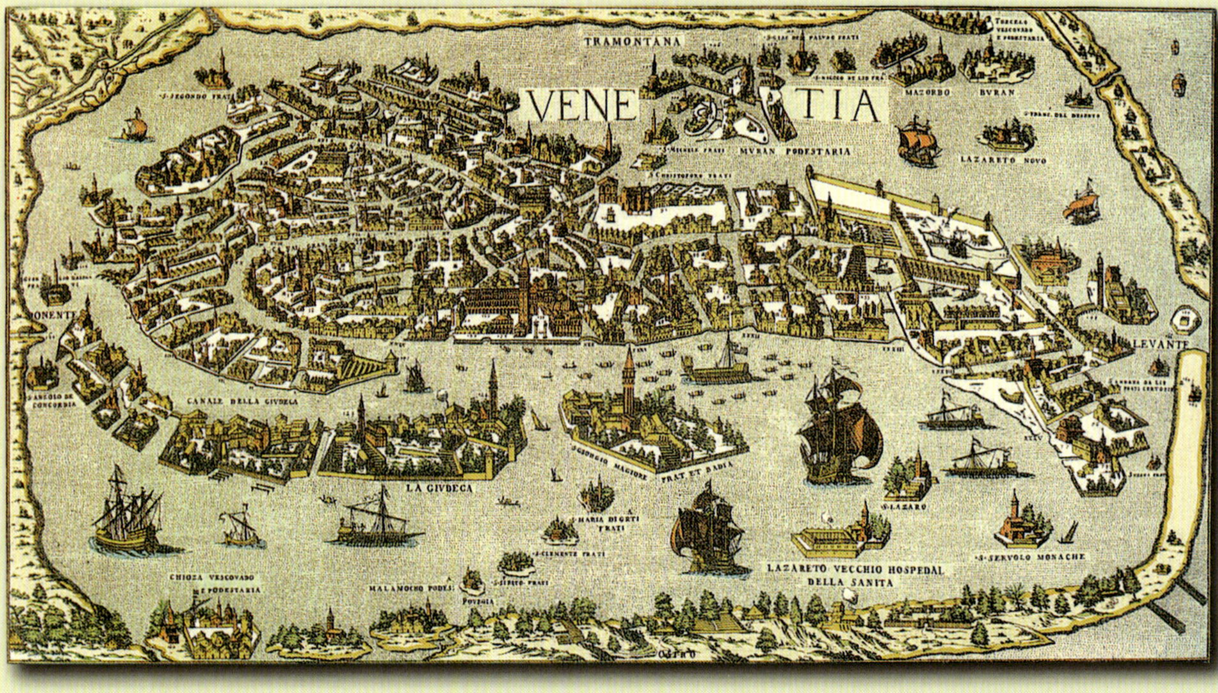